科学
也可以很有趣!!!!

智力游戏
BRAIN TESTS

【法】吕西亚诺·戈西 / 著

楼敏洁 / 译

上海科学技术文献出版社
Shanghai Scientific and Technological Literature Press

图书在版编目（CIP）数据

智力游戏 /（法）吕西亚诺·戈西著；楼敏洁译 . —上海：上海科学技术文献出版社，2011.2
ISBN 978-7-5439-4721-4

Ⅰ .①智力… Ⅱ .①吕… ②楼… Ⅲ .①智力游戏　Ⅳ .① G898.2

中国版本图书馆 CIP 数据核字（2011）001353 号

Jeux d'intelligence
© Ellipses Edition Marketing
DIVAS INTERNATIONAL （迪法国际）代理本书中文版权。
contact@divas.fr.

Copyright in the Chinese language translation (Simplified character rights only) © 2018 Shanghai Scientific & Technological Literature Publishing House
All Rights Reserved
版权所有，翻印必究

图字：09-2017-555

选题策划：张　树
责任编辑：杨凯茹
封面设计：许　菲

智 力 游 戏

[法]吕西亚诺·戈西　著　楼敏洁　译
出版发行：上海科学技术文献出版社
地　　址：上海市长乐路 746 号
邮政编码：200040
经　　销：全国新华书店
印　　刷：江苏常熟市人民印刷厂
开　　本：720×1000　1/16
印　　张：7
版　　次：2011 年 2 月第 1 版　2018 年 8 月第 2 次印刷
书　　号：ISBN 978-7-5439-4721-4
定　　价：26.00 元
http://www.sstlp.com

简 介

今天,脑力活动随着年龄增长而减退已经可以避免。现在就给您提供使大脑恢复活力的青春之泉,同时让您乐在其中。

本书集娱乐性和知识性为一体。您会发现各种旨在提高智商的逻辑游戏。您也可以在书中找到一些记忆游戏,来帮助您提高记忆的能力。记忆力就像肌肉,需要定时且长期地训练。我们有针对性地设计各种谜语和难题,以帮助提高您的创造力。换句话说,是让您随着时间推移不断减退的能力可以适应新的形势。

这是一本真正的大脑体操运动指南,使用各种方法和手段令大脑恢复青春活力。

使用

星星表示游戏的难度:

- 最简单

- 简单

- 中等

- 困难

- 最困难

火柴游戏

★★★☆☆

1. 哪个火柴组成的数字与其他没有逻辑关系？

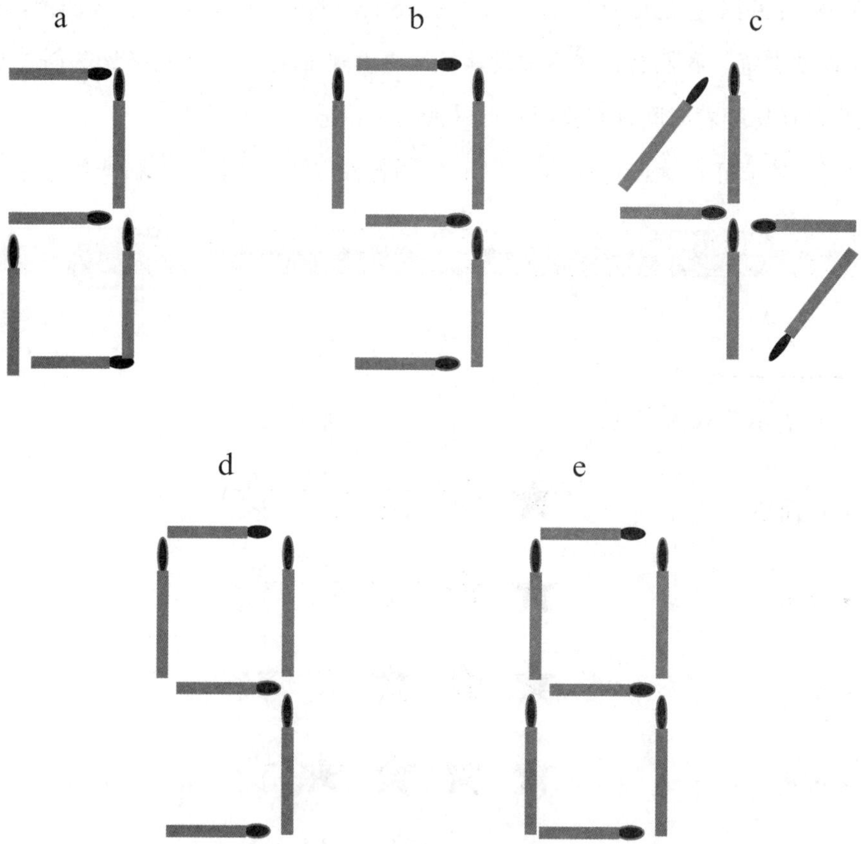

答案见 92 页

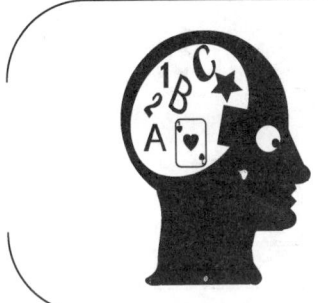

记忆游戏

2. 仔细观察下面的图片2分钟,然后往后翻一页,并回答问题。

答案见92页

俄罗斯方块

★★★★☆

3. 要重建这一方块，需要排除一个选项，是哪一个呢？

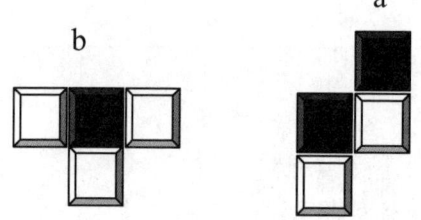

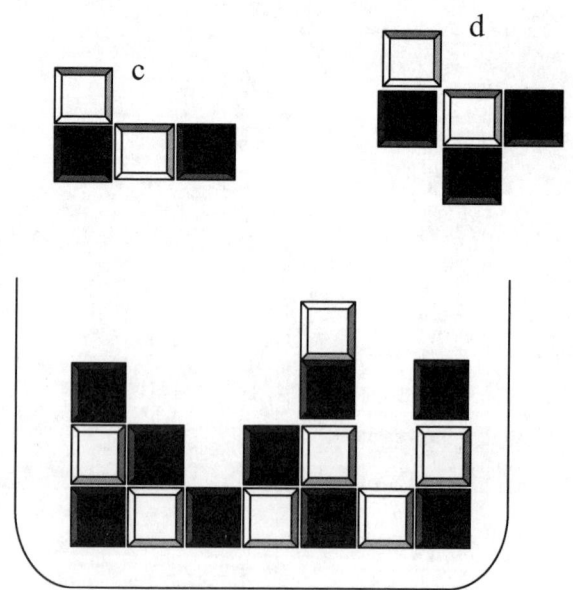

答案见92页

回答下列问题，请不要把书翻回前一页。

(1) 数字 4 出现了几次？

A. 1

B. 9

C. 7

答案是：

(2) 数字 10 出现了几次？

A. 2

B. 3

C. 4

答案是：

(3) 图中出现数字 7 了吗？

A. 是

B. 否

答案是：

(4) 白色的数字 4 出现了几次？

A. 2

B. 3

C. 4

答案是：

(5) 图中出现数字 2 了吗？

A. 是

B. 否

答案是：

(6) 黑色圆圈中的 4 出现了几次？

A. 1

B. 2

C. 3

答案是：

(7) 灰色方框中的 9 出现了几次?

A. 1

B. 2

C. 没有出现

答案是:

(8) 白色圆圈中的 4 出现了几次?

A. 1

B. 2

C. 没有出现

答案是:

(9) 水平方向的 10 出现了几次?

A. 2

B. 3

C. 4

答案是:

(10) 黑色的数字 4 出现了几次?

答案是:

数字树

4. 参照左图中的数字关系,找出右图中问号所代表的数字。

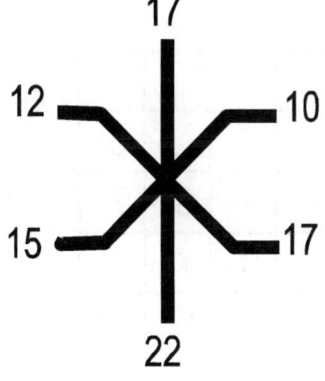
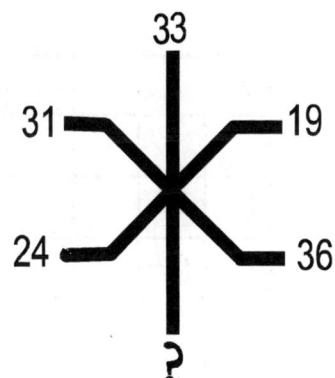

答案见 92 页

九宫格数独

★★☆☆☆

5. 完成此九宫格数独,并确保:
- ✓ 每个数字在每一列中(垂直)只出现一次
- ✓ 每个数字在每一行中(水平)只出现一次
- ✓ 在每一宫中只出现一次

7				5				
						3		6
6	4			2	1		8	7
		9				8	7	3
		4					5	
8	1		2			9		
	6				7	4		8
	3	8		9			7	
	5		8	3	4	6	9	

答案见93页

疯狂的立方体

6. 下列哪个立方体展开后与下面的图片不相符?

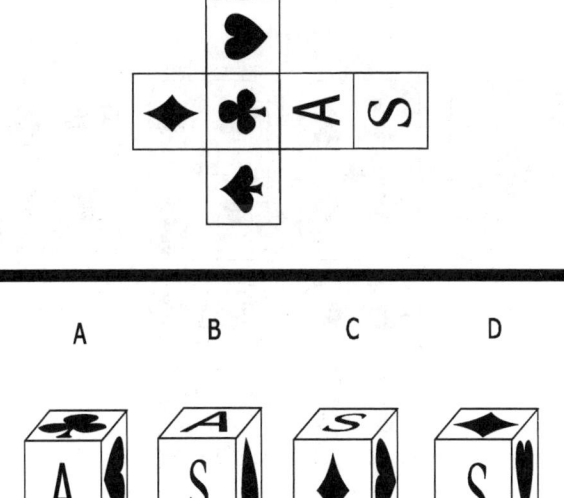

纸牌游戏

★★★☆☆

7. 翻转的是哪张牌？
注意：
J、Q、K 分别代表 11、12 和 13

答案见 93 页

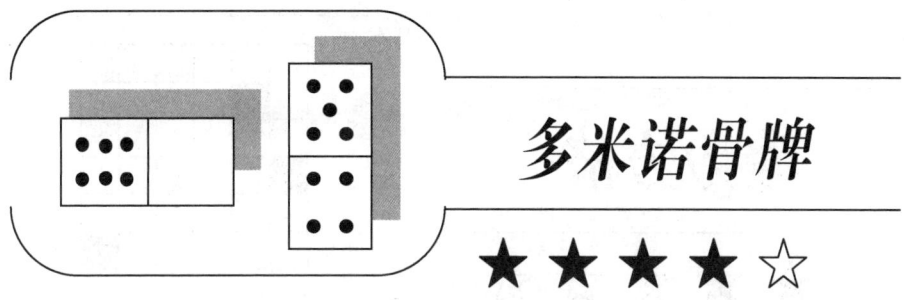

多米诺骨牌

★★★★☆

8. 带问号的多米诺骨牌是哪一张?

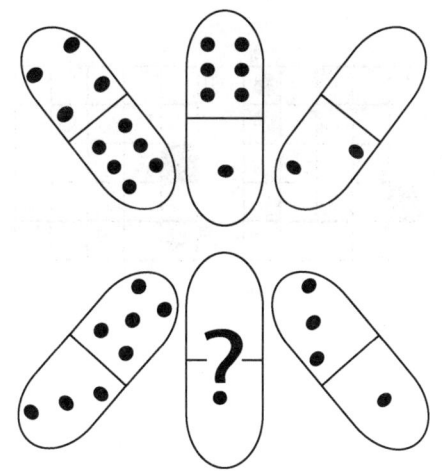

答案见94页

魔力方格

★★☆☆☆

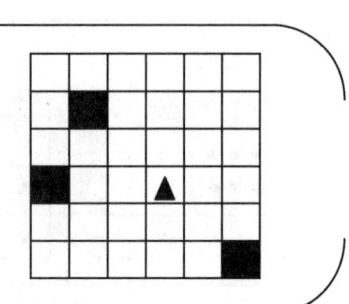

9. 参照左边的 3 个方格,把右边的方格补充完整。

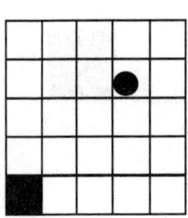 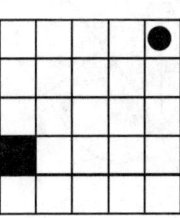 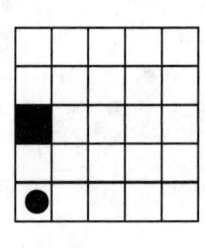

答案见 94 页

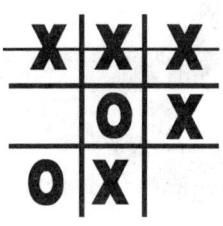

矩阵游戏

10. 右图中有 4 个选项,问号代表了哪个选项?

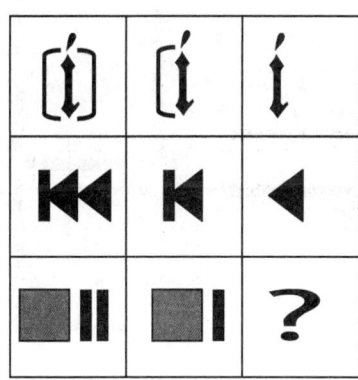
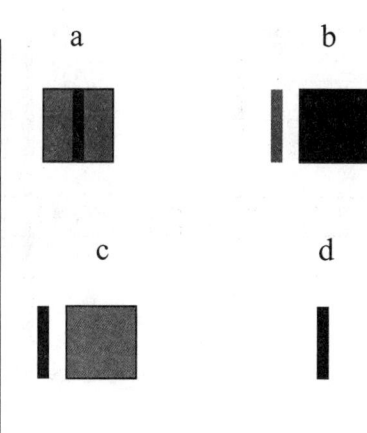

答案见 94 页

火柴游戏

★★★☆☆

11. 只能移动3根火柴,如何使等式成立?

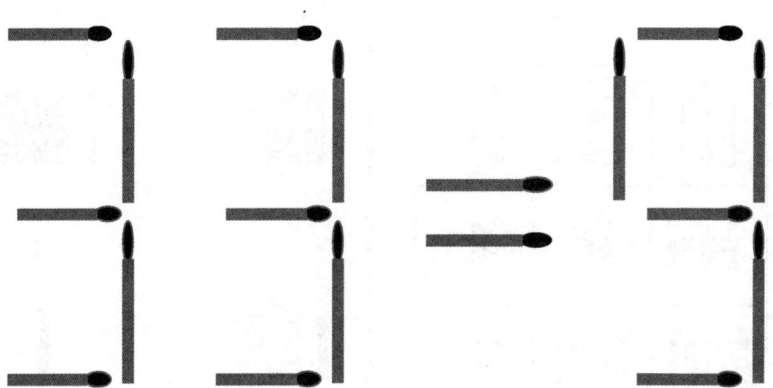

答案见95页

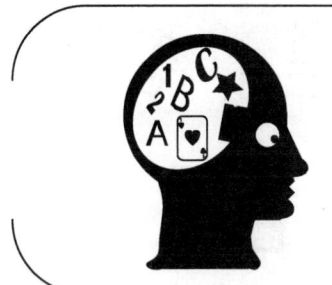

记忆游戏

12. 仔细观察下面的图片 2 分钟,然后往后翻一页,并回答问题。

答案见 95 页

俄罗斯方块

★★★★☆

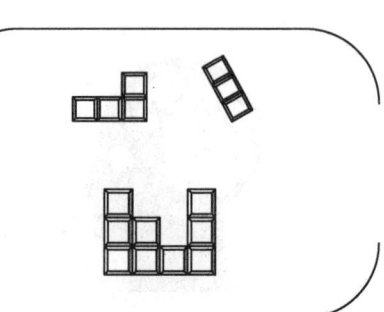

13. 要重建这一方块,需要排除一个选项,是哪一个呢?

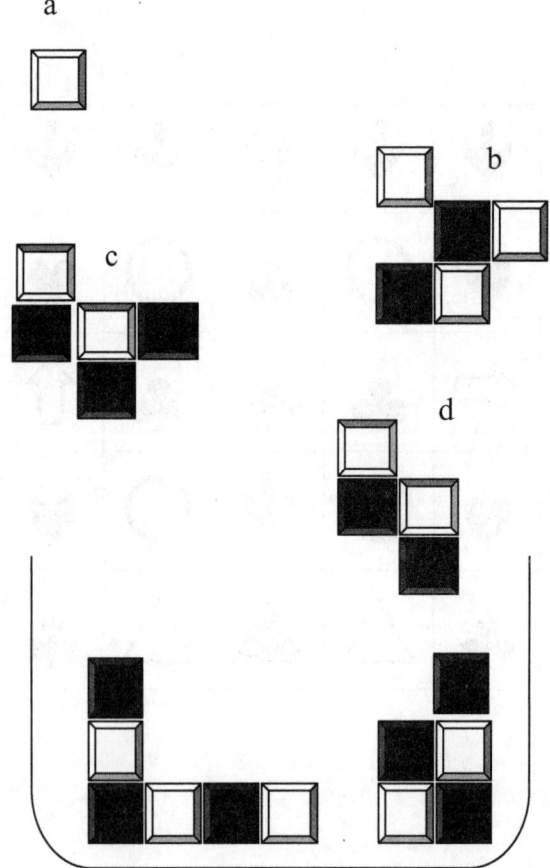

答案见95页

回答下列问题，请不要把书翻回前一页。

(1) 图中箭头共出现了几次？

A. 6

B. 8

C. 10

D. 12

答案是：

(2) 图中圆圈共出现了几次？

A. 2

B. 4

C. 6

D. 8

答案是：

(3) 图中三叶草共出现了几次？

A. 2

B. 4

C. 6

D. 10

答案是：

(4) 图中三角形共出现了几次？

A. 1

B. 2

C. 3

D. 5

答案是：

(5) 图中心形共出现了几次？

A. 4

B. 5

C. 6

D. 8

答案是：

(6) 图中白色三角形共出现了几次?
A. 1
B. 2
C. 3
D. 4
答案是:

(7) 图中黑色三角形共出现了几次?
A. 没有出现
B. 3
C. 2
D. 1
答案是:

(8) 在 AD 对角线上的圆圈有几个?
A. 没有
B. 1
C. 2
D. 3
答案是:

(9) 在 BC 对角线上的三叶草有几个?
A. 3
B. 4
C. 2
D. 没有
答案是:

(10) 图中向下的白色箭头有几个?
A. 没有
B. 1
C. 2
D. 3
答案是:

数字树

★★☆☆☆

14. 参照左图中的数字关系，找出右图中问号所代表的数字。

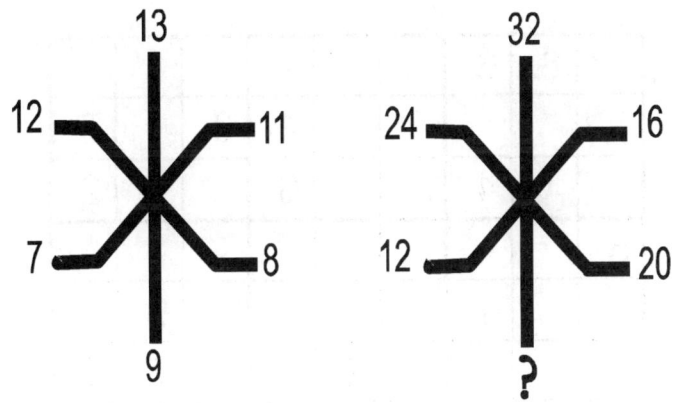

答案见95页

九宫格数独

★★★☆☆

15. 完成此九宫格数独,并确保:
- ✓ 每个数字在每一列中(垂直)只出现一次
- ✓ 每个数字在每一行中(水平)只出现一次
- ✓ 在每一宫中只出现一次

	8	3						
					4	3		7
		4			6			2
5								
		1				5	9	
				2			7	1
					6		1	8
1	3		7		5			
6		2				1		4

答案见 96 页

疯狂的立方体

16. 下列哪个立方体展开后与下面的图片不相符?

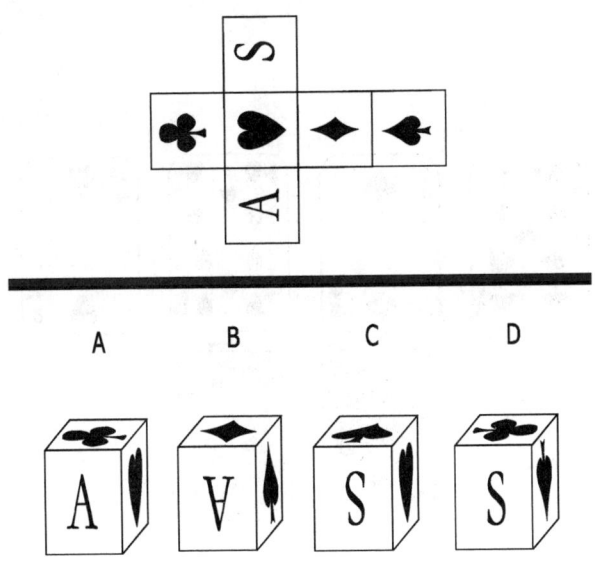

答案见96页

纸牌游戏

★ ★ ☆ ☆ ☆

17. 翻转的是哪张牌?
注意：
J、Q、K 分别代表 11、12 和 13

答案见 96 页

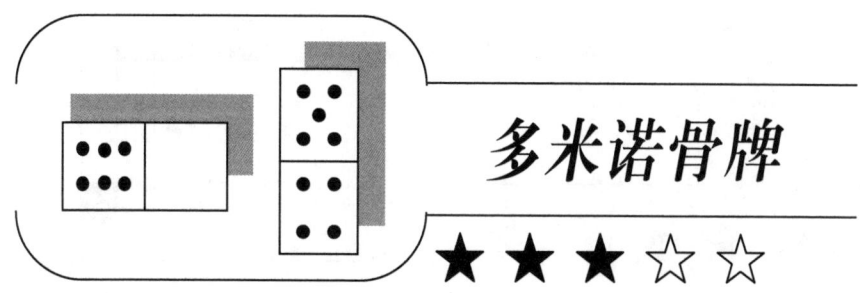

多米诺骨牌

★★★☆☆

18. 带问号的多米诺骨牌是哪一张？

魔力方格

★★★☆☆

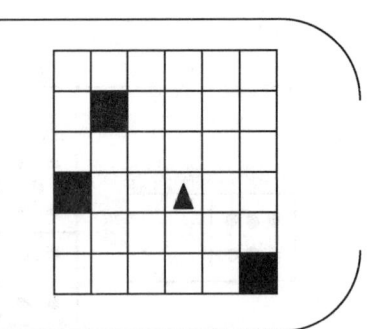

19. 参照左边的 3 个方格，把右边的方格补充完整。

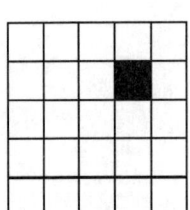 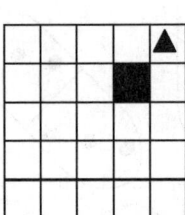 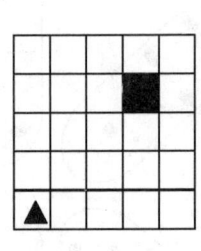

答案见 97 页

难解之谜

★★★★★

20. 从下列选项中找出符合对应关系的一个：

和 相对应，那么 相对应的一个是 ？

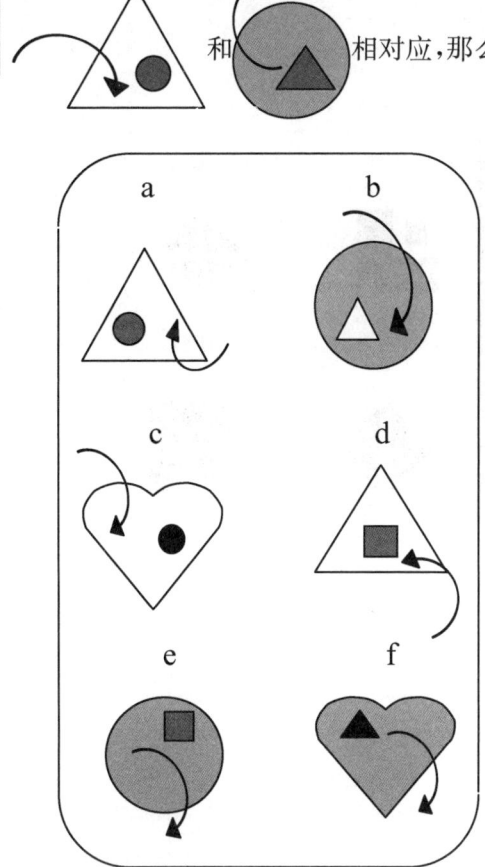

答案见 97 页

矩阵游戏

★★☆☆☆

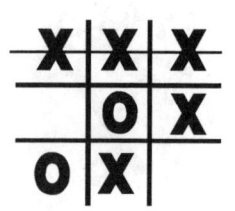

21. 右图中有 4 个选项,问号代表了哪个选项?

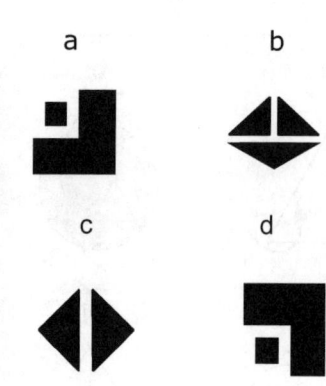

答案见 98 页

火柴游戏

22. 只能移动2根火柴,如何使等式成立?

答案见98页

俄罗斯方块

★★☆☆☆

23. 在下列5个选项中，选择哪几个可以使下面图形成为一个4×7的矩形？

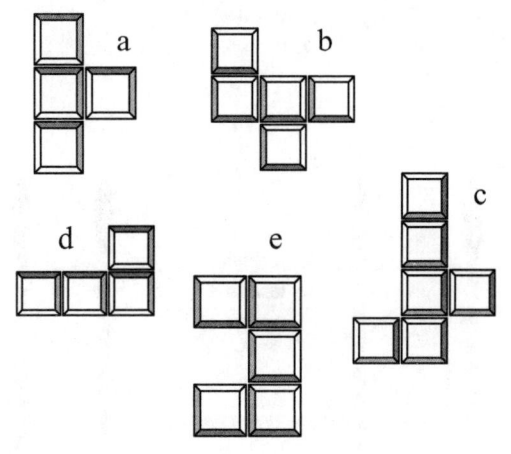

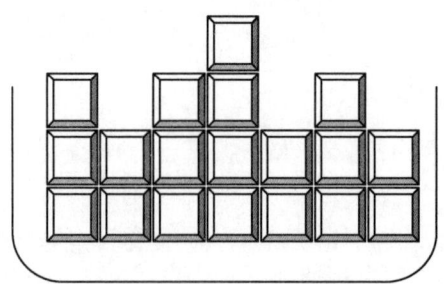

答案见98页

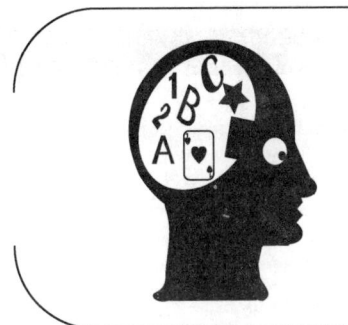

记忆游戏

24. 仔细观察下面的图片2分钟，然后往后翻一页，并回答问题。

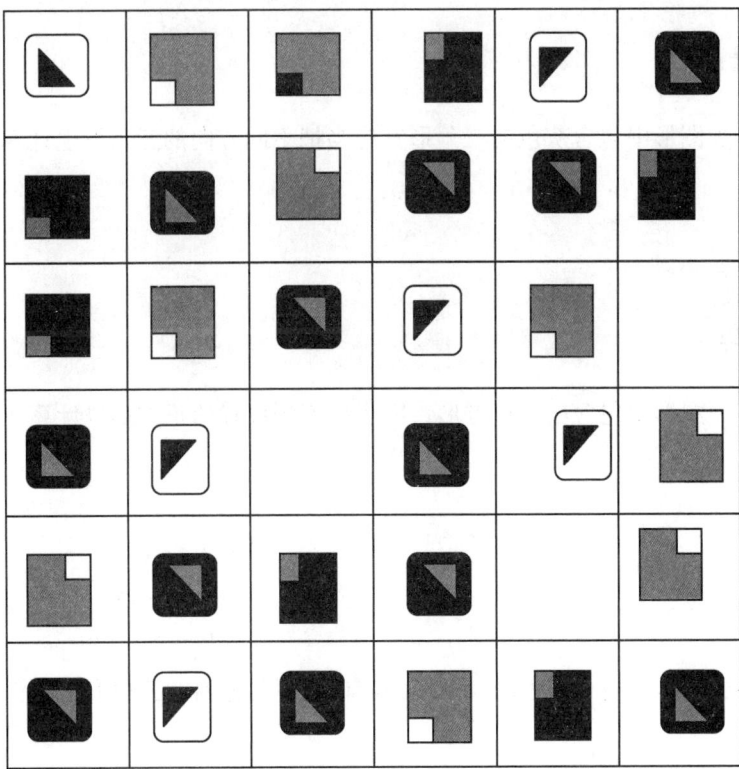

答案见98页

回答下列问题，请不要把书翻回前一页。

(1) 图中一共有多少图形？

A. 30

B. 33

C. 36

D. 39

答案是：

(2) 图中有多少方格是空白的？

A. 2

B. 3

C. 4

D. 5

答案是：

(3) 多少图形中包含灰色的三角形？应当把不同方向的三角形也计算在内。

A. 0

B. 8

C. 10

D. 12

答案是：

(4) 多少图形中包含白色正方形？应当把不同位置的正方形也计算在内。

A. 8

B. 9

C. 10

D. 11

答案是：

(5) 多少图形中包含黑色的三角形？应当把不同方向的三角形也计算在内。

A. 2

B. 5

C. 6

D. 8

答案是：

(6) 多少图形中包含灰色正方形?

A. 3
B. 6
C. 9
D. 12

答案是:

(7) 多少图形中包含白色的三角形?

A. 0
B. 1
C. 2
D. 3

答案是:

(8) 这一图形出现了几次?

A. 10
B. 5
C. 6
D. 2

答案是:

(9) 这一图形出现了几次?

A. 8
B. 3
C. 4
D. 9

答案是:

(10) 这一图形出现了几次?

A. 3
B. 2
C. 5
D. 6

答案是:

数字树

★★★☆☆

25. 参照左图中的数字关系，找出右图中问号所代表的数字。

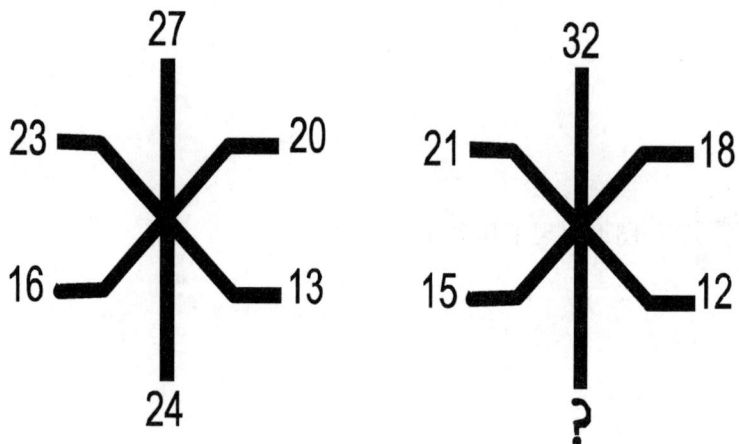

答案见99页

九宫格数独

26. 完成此九宫格数独,并确保:
- ✓ 每个数字在每一列中(垂直)只出现一次
- ✓ 每个数字在每一行中(水平)只出现一次
- ✓ 在每一宫中只出现一次

	6	9			3			8
5			4	8				
		3	2			5	1	
	8	2			1			3
	4			2			8	
7				6		9	4	
					5	4		7
6				7	2			9
2				9			8	6

答案见 99 页

疯狂的立方体

★★★★☆

27. 下列哪个立方体展开后与下面的图片不相符?

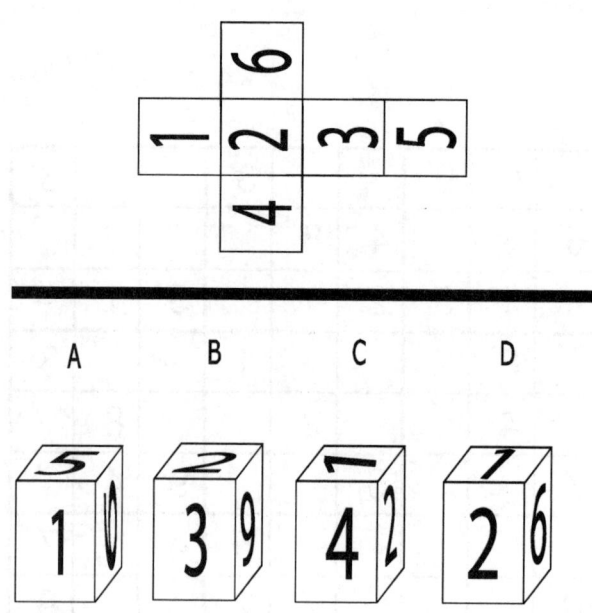

A　　B　　C　　D

答案见 99 页

纸牌游戏

28. 翻转的是哪张牌？
注意：
J、Q、K 分别代表 11、12 和 13

答案见 99 页

多米诺骨牌

★★★★☆

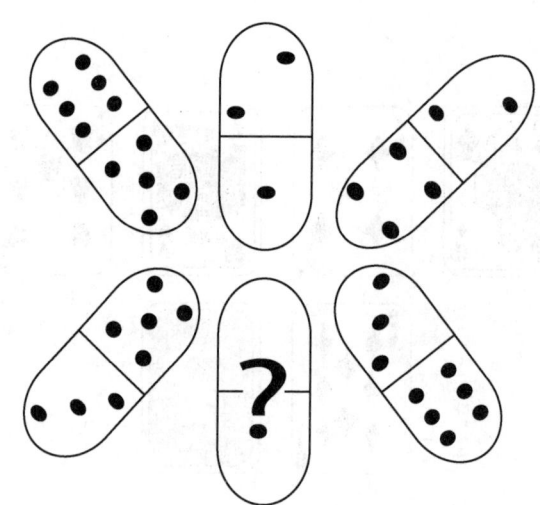

29. 带问号的多米诺骨牌是哪一张?

答案见 100 页

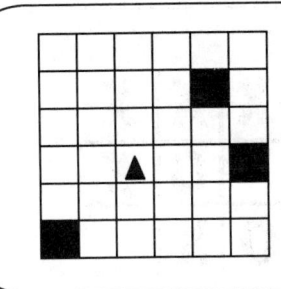

魔力方格

30. 参照左边的 3 个方格，把右边的方格补充完整。

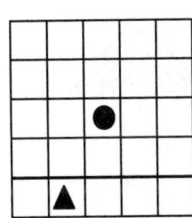 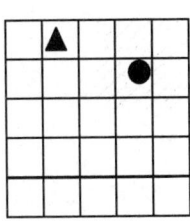 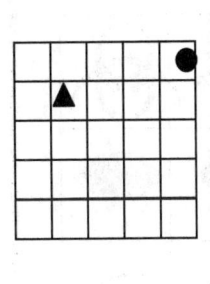 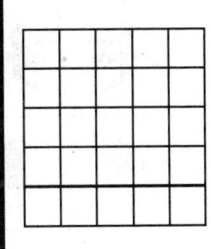

答案见 100 页

矩阵游戏

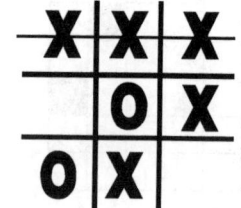

★ ★ ☆ ☆ ☆

31. 右图中有 4 个选项，问号代表了哪个选项？

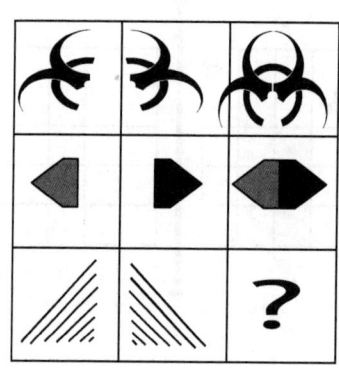

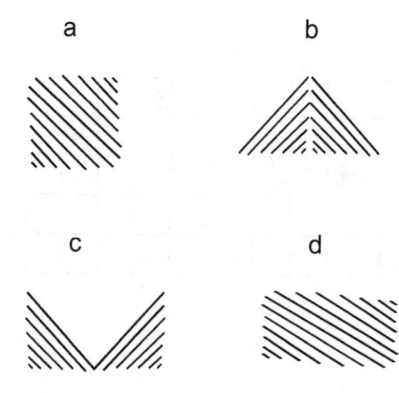

答案见 100 页

火柴游戏

32. 移动 2 根火柴，使下面的数字排列具有逻辑关系。

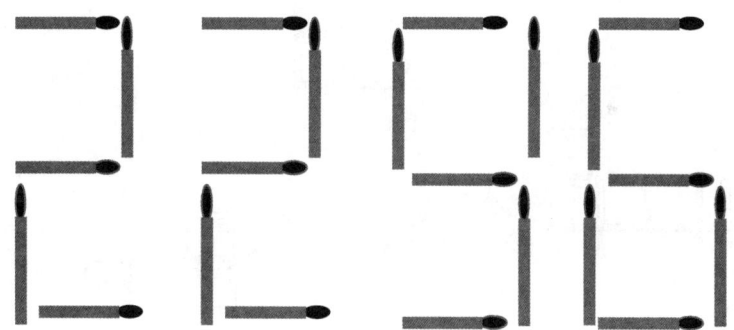

答案见 101 页

俄罗斯方块

★★★☆☆

33. 在下列4个选项中,去掉哪个可以使下面图形成为一个3×8的矩形?

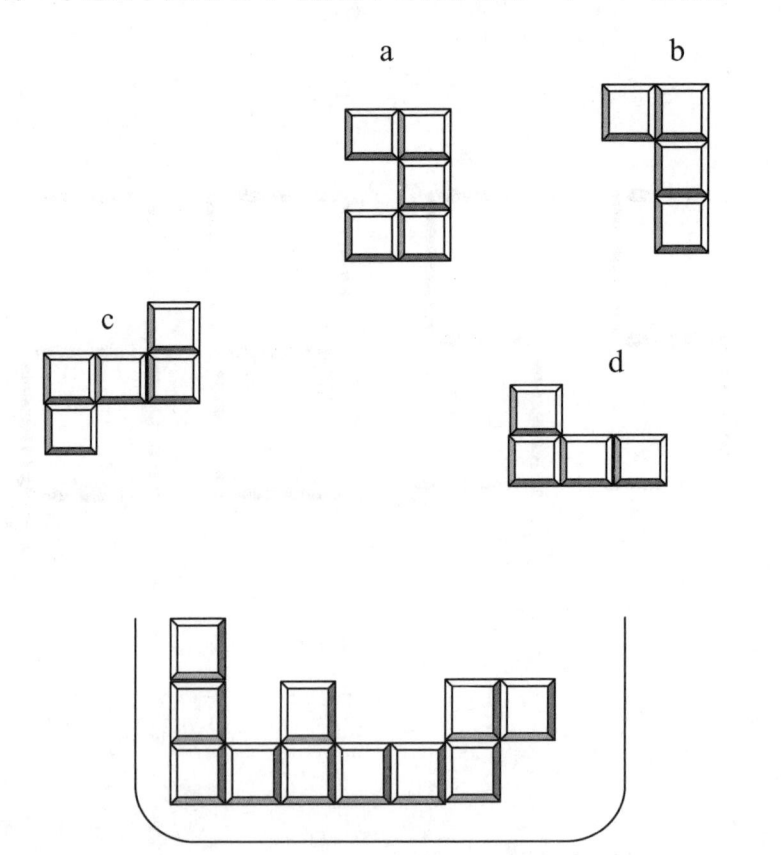

答案见101页

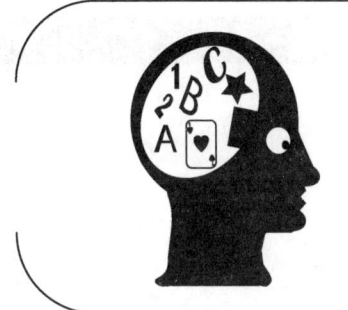

记忆游戏

34. 仔细观察下面的图片 2 分钟,然后往后翻一页,并回答问题。

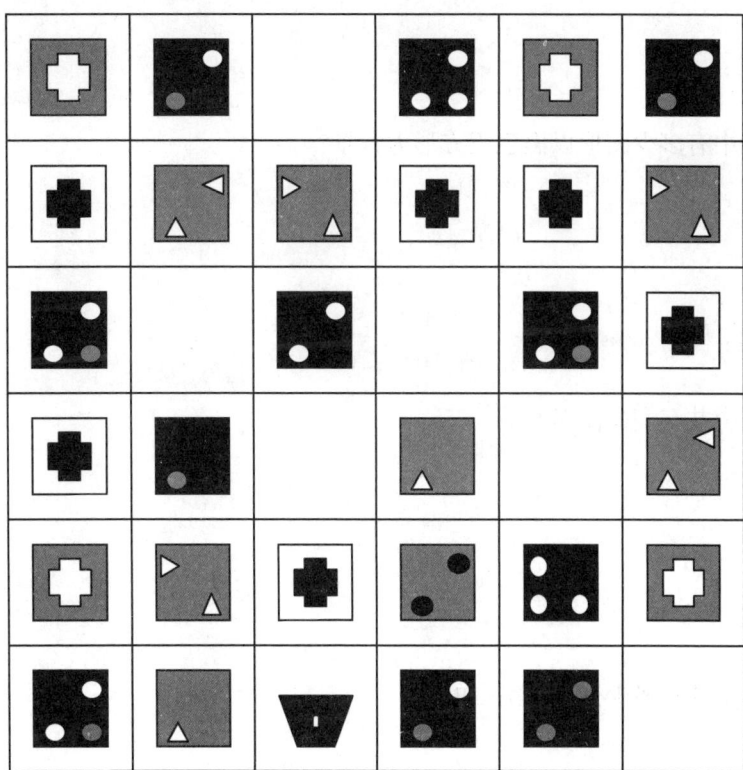

答案见 101 页

回答下列问题，请不要把书翻回前一页。

（1）图中有多少图形中包含一个黑色十字架？

A. 4

B. 5

C. 6

D. 7

答案是：

（2）图中有多少图形中包含一个白色十字架？

A. 1

B. 2

C. 3

D. 4

答案是：

（3）图中有多少图形以黑色正方形为背景？

A. 0

B. 5

C. 9

D. 11

答案是：

（4）图中共有多少图形？

A. 30

B. 33

C. 36

D. 39

答案是：

（5）图中共有多少方格是空白的？

A. 3

B. 4

C. 5

D. 6

答案是：

(6) 图中共有多少图形中包含有 3 个白色小圆圈？

A. 0
B. 1
C. 2
D. 3
答案是：

(7) 图中共有多少图形中包含有一个白色小三角形？

A. 没有
B. 1
C. 2
D. 3
答案是：

(8)  ▓ 图中这个图形共出现了几次？

A. 0
B. 2
C. 5
D. 6
答案是：

(9)  ▓ 图中这个图形共出现了几次？

A. 0
B. 1
C. 2
D. 3
答案是：

(10)  ▓ 图中这个图形共出现了几次？必须把不同方向的也计算在内。

A. 3
B. 4
C. 5
D. 6
答案是：

数字树

★★★☆☆

35. 参照左图中的数字关系，找出右图中问号所代表的数字。

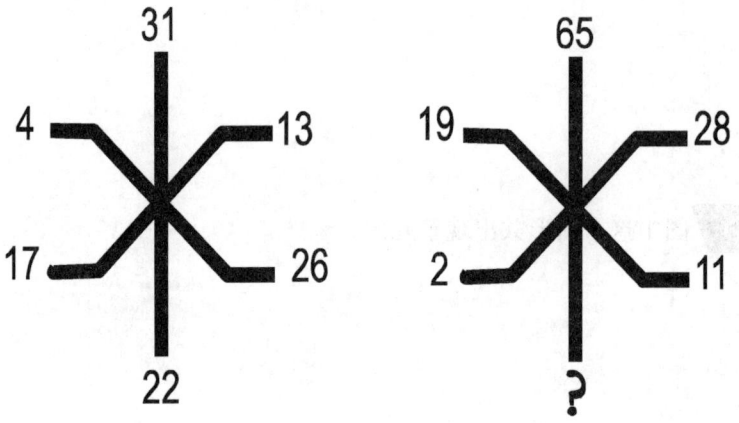

答案见 101 页

九宫格数独

36. 完成此九宫格数独,并确保:
- 每个数字在每一列中(垂直)只出现一次
- 每个数字在每一行中(水平)只出现一次
- 在每一宫中只出现一次

			6	4	3	2	1	
						1	4	
				2		3	7	
					6	5	8	4
		6		7		5		
5		2	4	8				
	7	4		5				
		8	2					
	3	5	8	1	4			

答案见 102 页

疯狂的立方体

★★★★☆

37. 下列哪个立方体展开后与下面的图片不相符？

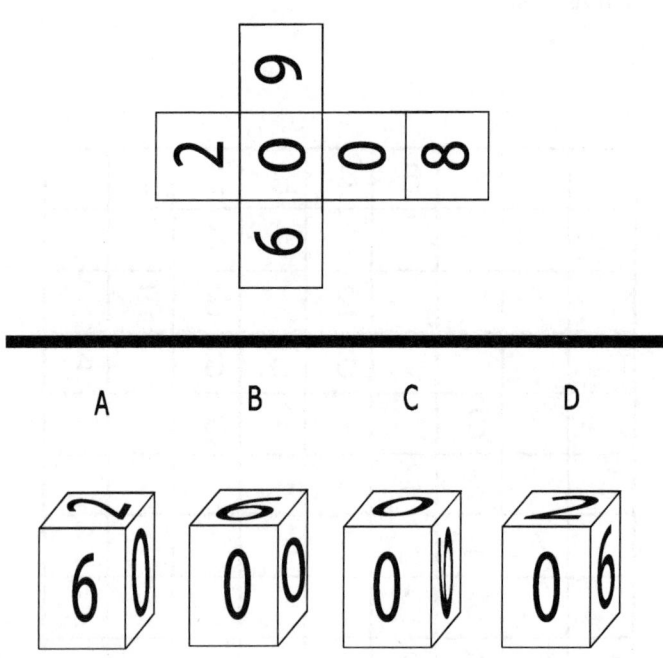

A B C D

答案见 102 页

纸牌游戏

38. 翻转的是哪张牌？
注意：
J、Q、K 分别代表 11、12 和 13

答案见 102 页

多米诺骨牌

★★★☆☆

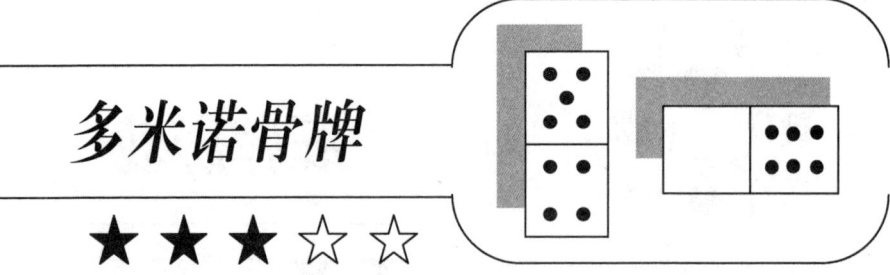

39. 带问号的多米诺骨牌是哪一张?

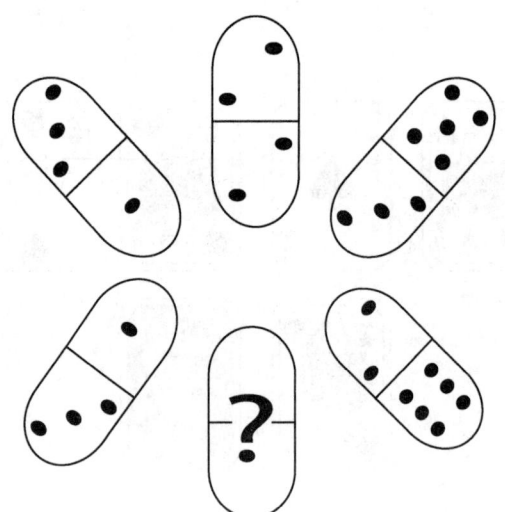

答案见 103 页

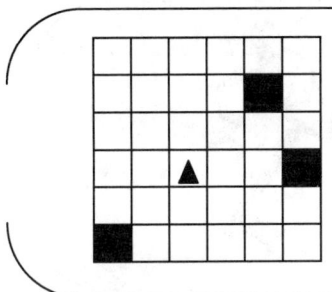

魔力方格

40. 参照左边的 3 个方格,把右边的方格补充完整。

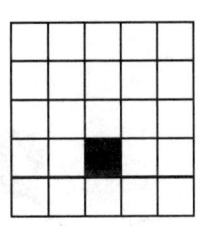 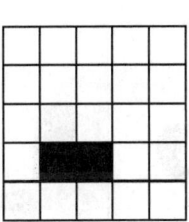 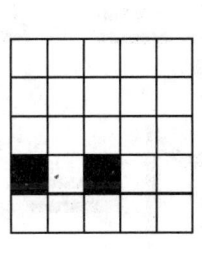 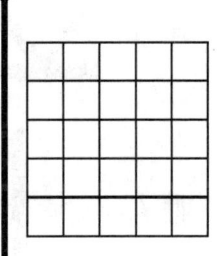

答案见 103 页

难解之谜

★★★★☆

41. 您能解开下图中的等式吗?

如果 ♡ = 4

那么 M = ?

答案见 103 页

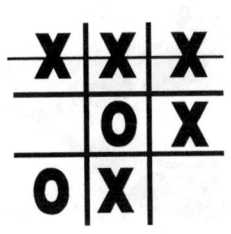

矩阵游戏

42. 右图中有 4 个选项,问号代表了哪个选项?

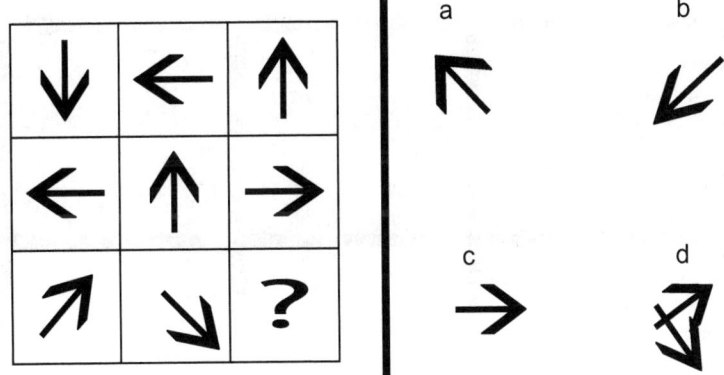

答案见 104 页

火柴游戏

★ ★ ☆ ☆ ☆

43. 如何拿掉 2 根火柴，使图形中包含 4 个正方形？

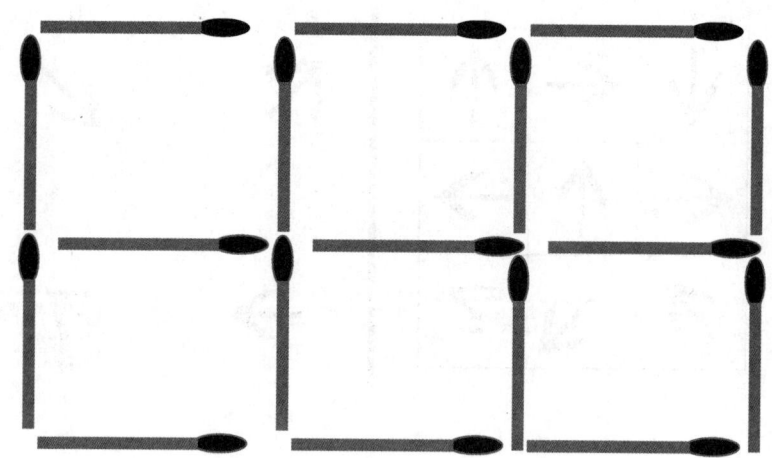

答案见 104 页

记忆游戏

44. 仔细观察下面的图片 2 分钟,然后往后翻一页,并回答问题。

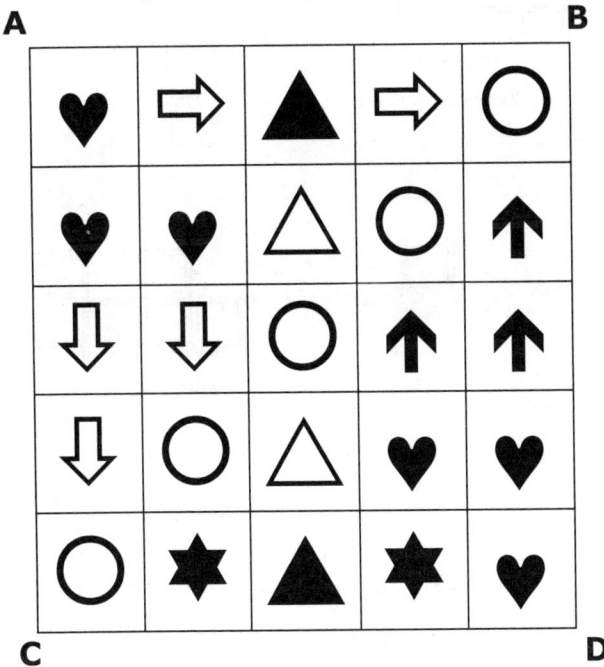

答案见 104 页

俄罗斯方块

★★★☆☆

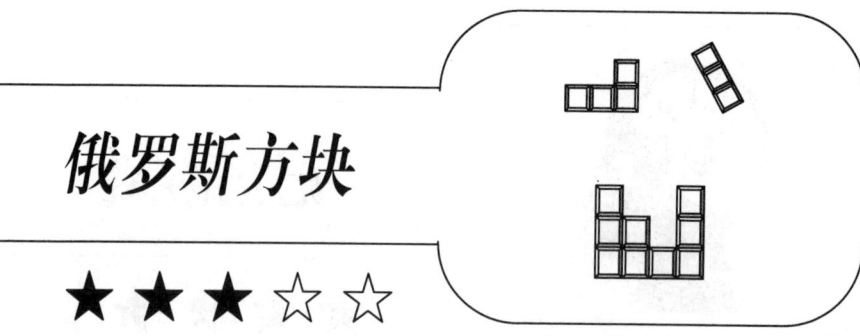

45. 在下列 4 个选项中，去掉哪个可以使下面图形成为一个 4×8 的矩形？

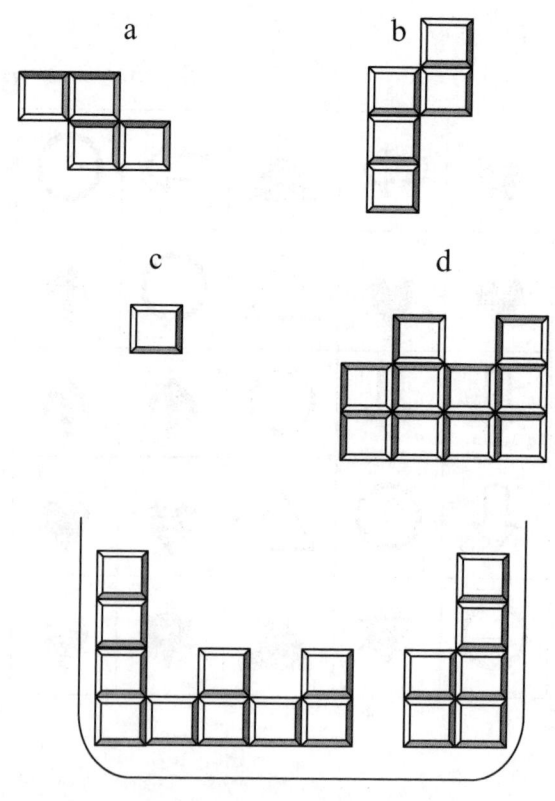

答案见 104 页

回答下列问题,请不要把书翻回前一页。

(1) 图中共有多少个心形图案?

A. 6

B. 7

C. 8

D. 9

答案是:

(2) 图中共有多少个箭头图案?

A. 7

B. 8

C. 9

D. 10

答案是:

(3) 图中共有多少个星星图案?

A. 1

B. 2

C. 3

D. 4

答案是:

(4) 图中共有多少个三角形图案?

A. 3

B. 4

C. 5

D. 6

答案是:

(5) 图中共有多少个黑色三角形图案?

A. 2

B. 3

C. 4

D. 5

答案是:

(6) 图中共有多少个白色三角形图案?

A. 2

B. 3

C. 4

D. 6

答案是:

(7) 图中共有多少向下的箭头图形?

A. 0

B. 2

C. 3

D. 4

答案是:

(8) 图中共有多少向上的箭头图形?

A. 1

B. 2

C. 3

D. 4

答案是:

(9) 图中共有多少向右的箭头图形?

A. 0

B. 1

C. 2

D. 3

答案是:

(10) 图中共有多少圆圈图形?

A. 6

B. 5

C. 8

D. 9

答案是:

数字树

★★★☆☆

46. 参照左图中的数字关系，找出右图中问号所代表的数字。

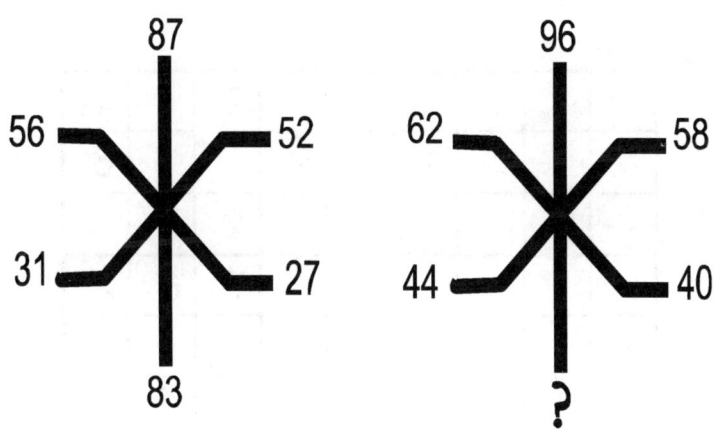

九宫格数独

47. 完成此九宫格数独,并确保:
- ✓ 每个数字在每一列中(垂直)只出现一次
- ✓ 每个数字在每一行中(水平)只出现一次
- ✓ 在每一宫中只出现一次

						9		4
		1	8	9				6
	9					2	7	
					7	6		2
2			9	5				
	3	4						
			4		5		2	9
	2	9	7			4		
	4		8					

答案见 105 页

疯狂的立方体

★★★★☆

48. 下列哪个立方体展开后与下面的图片不相符？

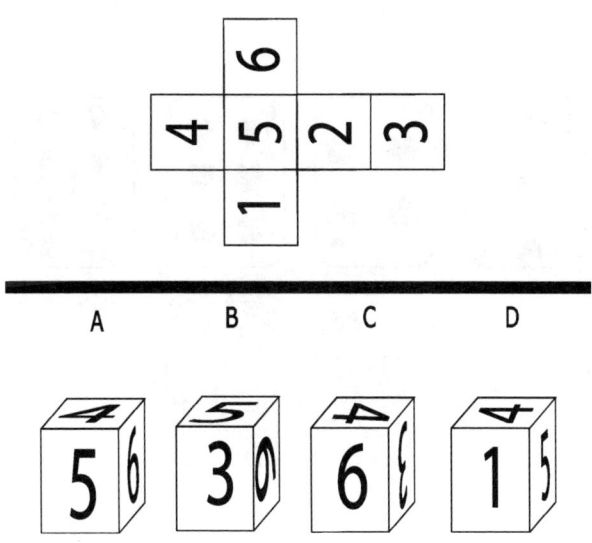

答案见 105 页

纸牌游戏

★★★★☆

49. 翻转的是哪张牌？
注意：
J、Q、K 分别代表 11、12 和 13

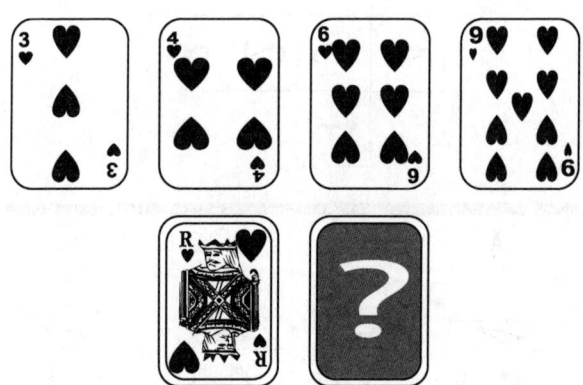

答案见 105 页

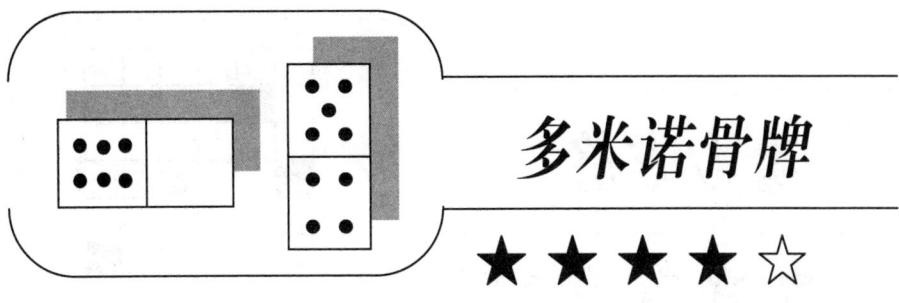

多米诺骨牌

★★★★☆

50. 带问号的多米诺骨牌是哪一张?

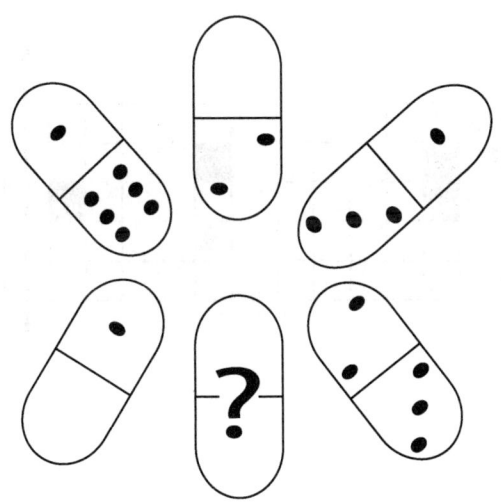

答案见 106 页

魔力方格

★★☆☆☆

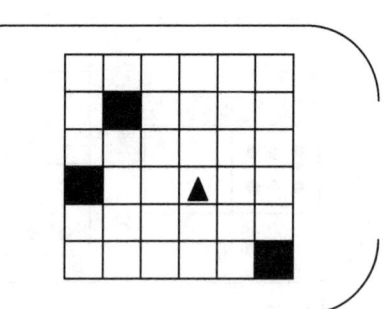

51. 参照左边的 3 个方格，把右边的方格补充完整。

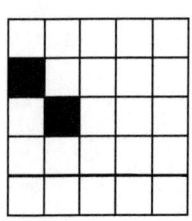 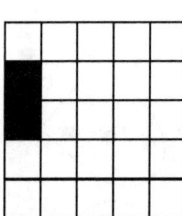 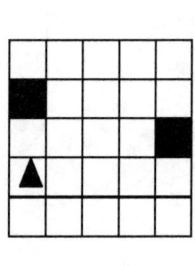 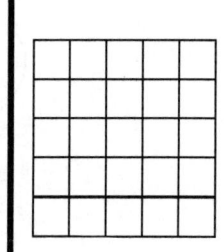

答案见 106 页

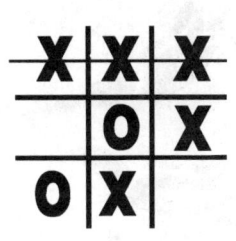

矩阵游戏

52. 右图中有 4 个选项,问号代表了哪个选项?

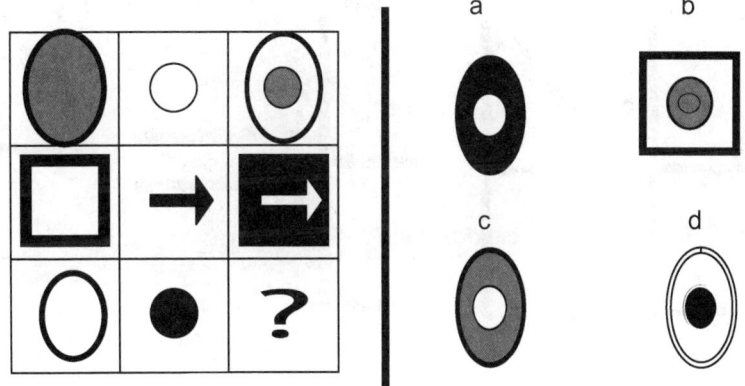

答案见 106 页

火柴游戏

★★★★☆

53. 如何只移动3根火柴，使等式成立？

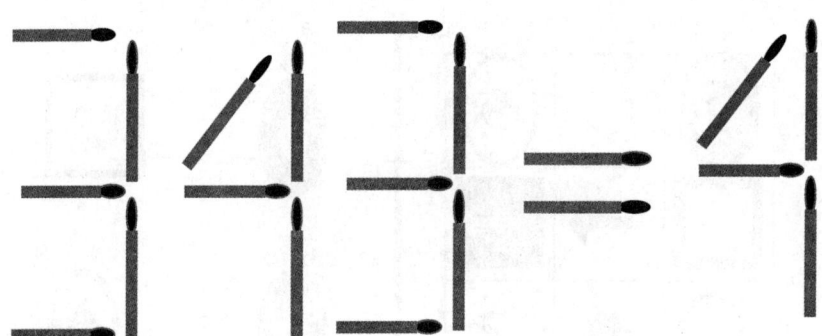

答案见 107 页

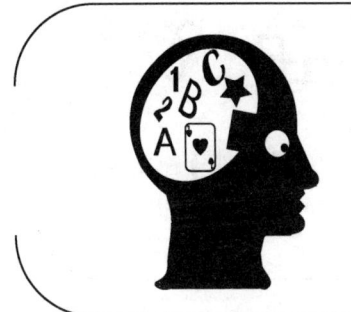

记忆游戏

54. 仔细观察下面的图片2分钟,然后往后翻一页,并回答问题。

答案见107页

俄罗斯方块

★★★★☆

55. 在下列 4 个选项中,去掉哪个可以使下面图形成为一个 4×7 的矩形?

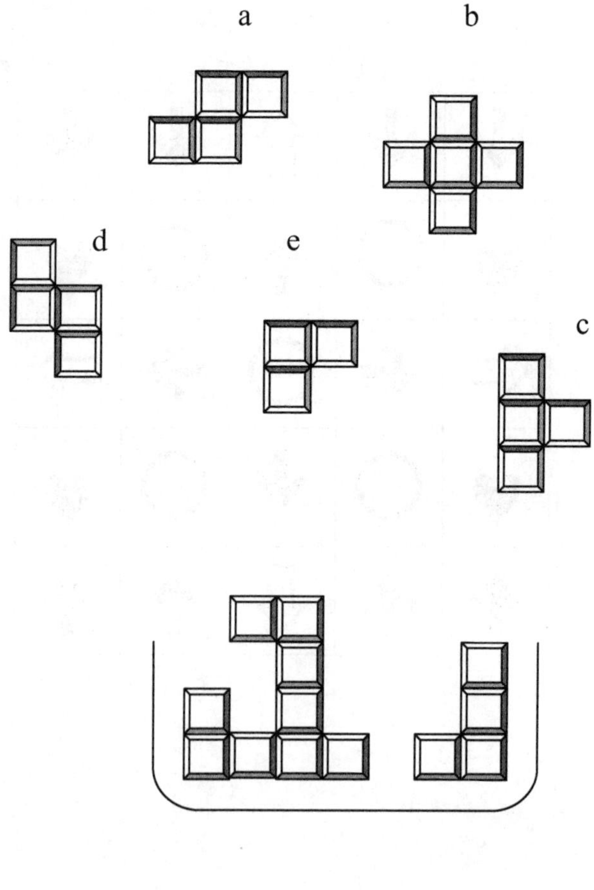

答案见 107 页

回答下列问题，请不要把书翻回前一页。

(1) 图中共有多少个圆圈图案？

A. 3

B. 4

C. 5

D. 6

答案是：

(2) 图中共有多少个白色箭头图案？

A. 2

B. 3

C. 4

D. 5

答案是：

(3) AD 对角线上有多少个圆圈图案？

A. 3

B. 4

C. 5

D. 0

答案是：

(4) BC 对角线上有多少个向下的黑色箭头图案？

A. 0

B. 1

C. 2

D. 3

答案是：

(5) 图中共有多少个心形图案？

A. 4

B. 5

C. 6

D. 7

答案是：

(6) 图中共有多少个向下的白色箭头图案？

A. 2

B. 1

C. 3

D. 5

答案是：

(7) 图中共有多少个向下的黑色箭头图案？

A. 7

B. 6

C. 5

D. 4

答案是：

(8) AD对角线上有多少个向上的黑色箭头图案？

A. 0

B. 1

C. 2

D. 3

答案是：

(9) 图中共有多少个黑色箭头图案？

A. 11

B. 12

C. 13

D. 14

答案是：

(10) 图中共有多少个向左的白色箭头图案？

A. 5

B. 3

C. 1

D. 0

答案是：

数字树

56. 参照左图中的数字关系,找出右图中问号所代表的数字。

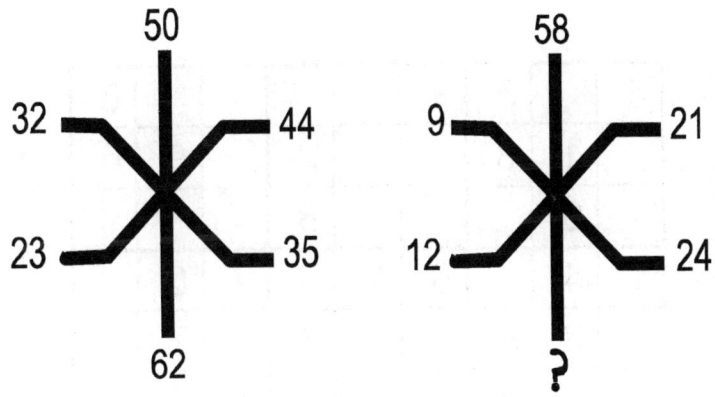

九宫格数独

57. 完成此九宫格数独,并确保:
✓ 每个数字在每一列中(垂直)只出现一次
✓ 每个数字在每一行中(水平)只出现一次
✓ 在每一宫中只出现一次

6		5	9					8
	1	8			2		9	6
		9			8			
1	4		5	2			6	
	2	6	1		3		7	
		3		6		1	2	9
	5		3		9	6	1	4
						6	5	
9		4		1	5	3	8	2

答案见 108 页

疯狂的立方体

58. 下列哪个立方体展开后与下面的图片不相符?

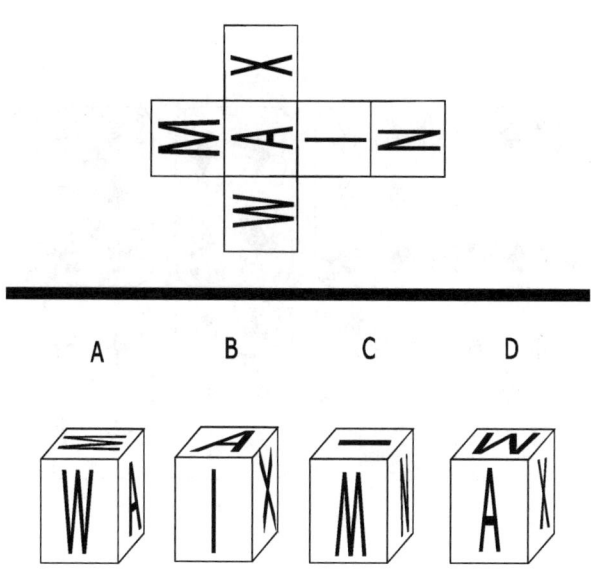

答案见 108 页

纸牌游戏

★★★☆☆

59. 翻转的是哪张牌?
注意:
J、Q、K 分别代表 11、12 和 13

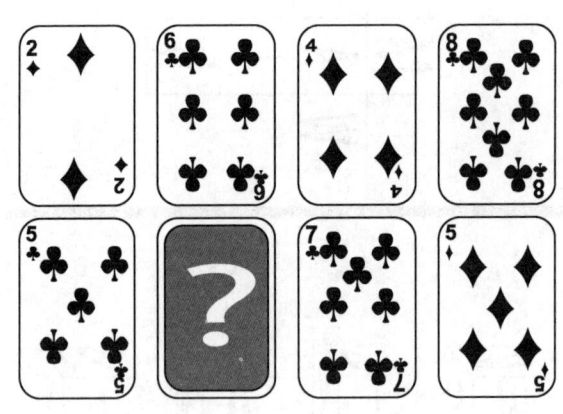

答案见 108 页

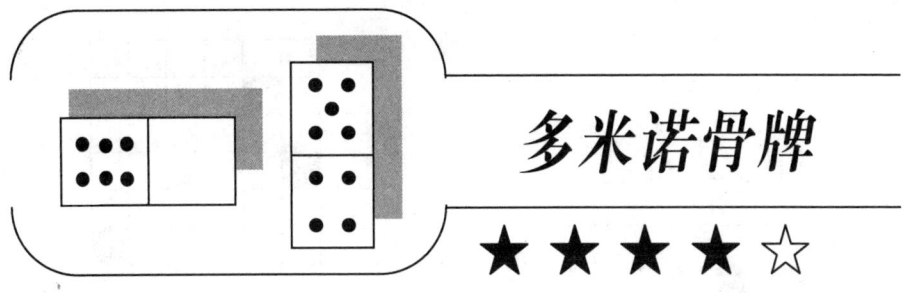

多米诺骨牌

★★★★☆

60. 带问号的多米诺骨牌是哪一张?

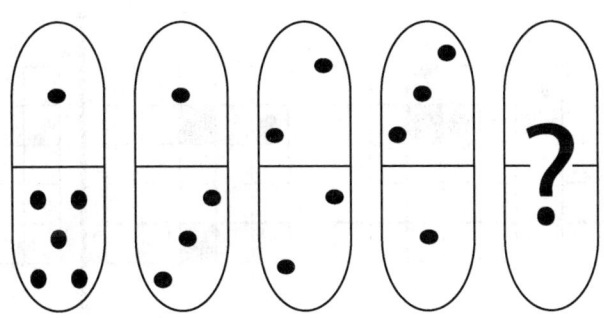

答案见 108 页

魔力方格

★★☆☆☆

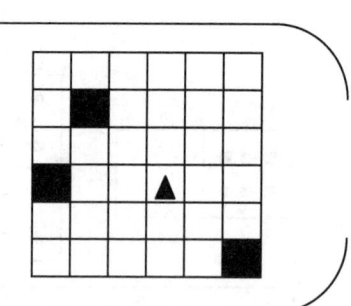

61. 参照左边的 3 个方格,把右边的方格补充完整。

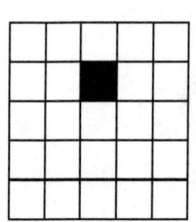 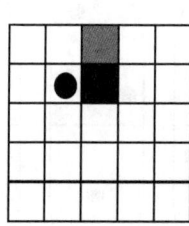 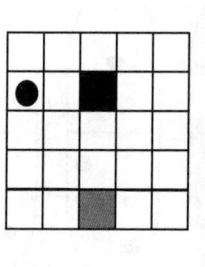 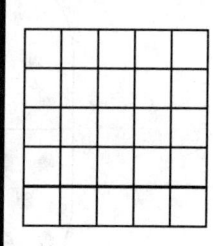

答案见 109 页

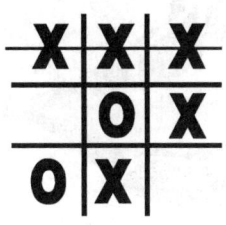

 矩阵游戏

★ ★ ☆ ☆ ☆

62. 右图中有 4 个选项,问号代表了哪个选项?

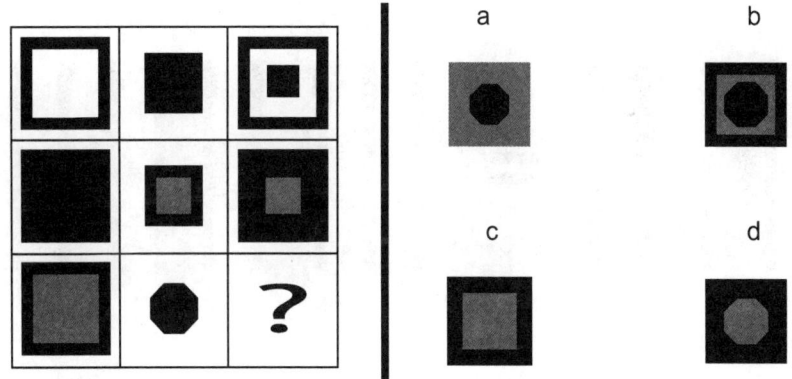

火柴游戏

★★★★☆

63. 移动3根火柴,使等式成立。

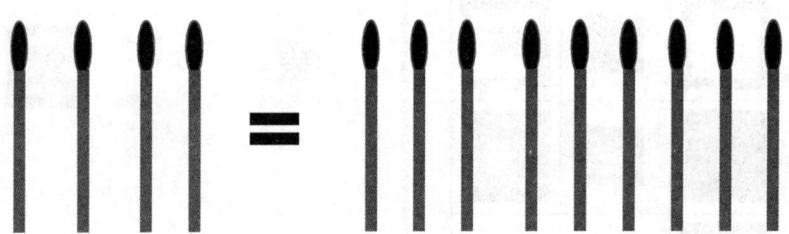

答案见 109 页

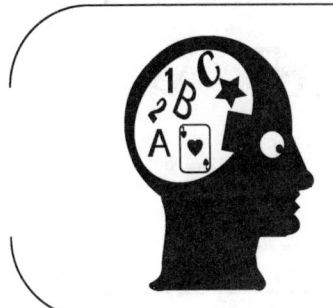

记忆游戏

64. 仔细观察下面的图片 2 分钟,然后往后翻一页,并回答问题。

	A			B
J	A	U	N	E
15	12	←	→	←
R	O	U	G	E
→	→	→	←	←
B	E	I	G	E
C				D

答案见 109 页

俄罗斯方块

★★★★☆

65. 在下列 6 个选项中,去掉哪个可以使下面图形成为一个 4×8 的矩形?

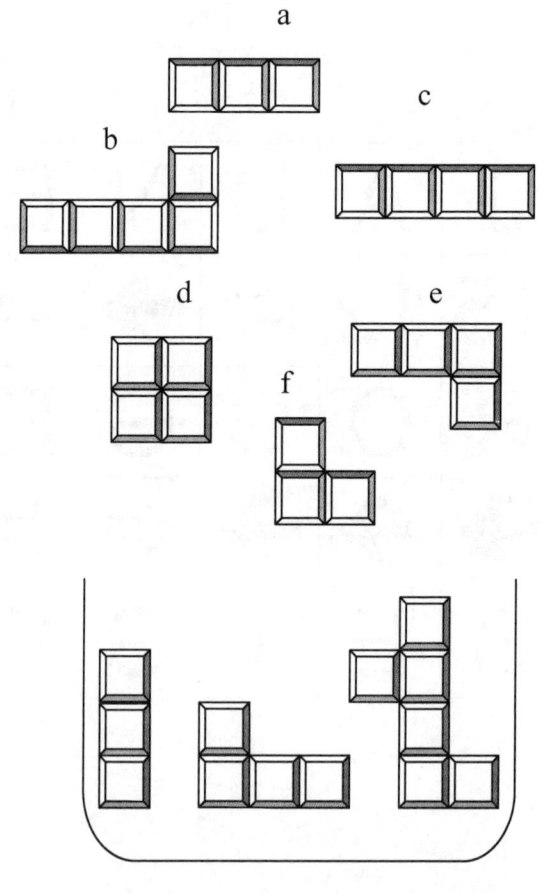

答案见 109 页

回答下列问题，请不要把书翻回前一页。

(1) 图中共出现了几次字母 E？

A. 2 次

B. 3 次

C. 4 次

D. 5 次

答案是：

(2) 图中共有几个箭头图案？

A. 9

B. 8

C. 7

D. 6

答案是：

(3) 图中出现的数字是哪两个？

A. 13 和 16

B. 12 和 14

C. 15 和 17

D. 12 和 15

答案是：

(4) 图中共有多少个黑色箭头图案？

A. 3

B. 4

C. 5

D. 6

答案是：

(5) 图中的白色箭头指向哪个方向？

A. 向下

B. 向上

C. 向左

D. 向右

答案是：

(6) 图中共出现了几次字母 U?

A. 1 次

B. 2 次

C. 3 次

D. 4 次

答案是:

(7) BC 对角线上有多少个箭头图案?

A. 1

B. 2

C. 3

D. 4

答案是:

(8) AD 对角线上出现了哪 3 个字母?

A. B, U 和 E

B. A, U 和 C

C. D, E 和 U

D. J, U 和 E

答案是:

数字树

★★☆☆☆

66. 参照左图中的数字关系,找出右图中问号所代表的数字。

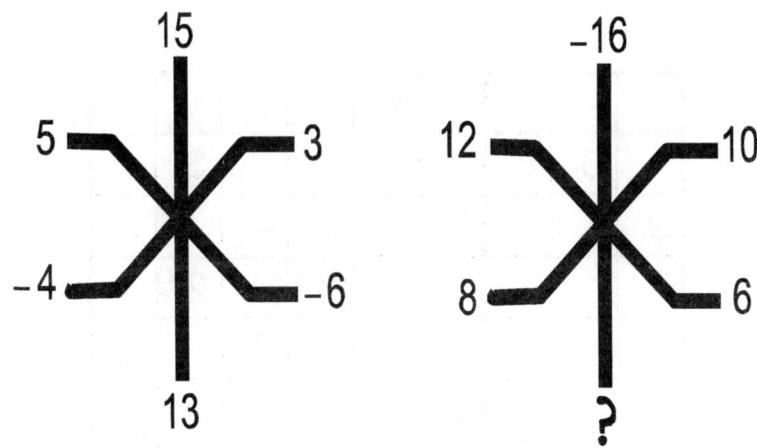

答案见110页

九宫格数独

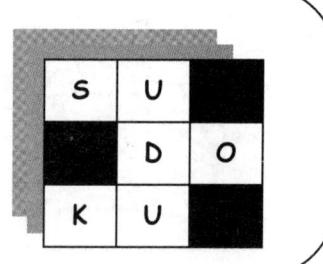

★★★★☆

67. 完成此九宫格数独,并确保:
- ✓ 每个数字在每一列中(垂直)只出现一次
- ✓ 每个数字在每一行中(水平)只出现一次
- ✓ 在每一宫中只出现一次

	7			9		2		
	5	8					3	
9			3		5	4		8
7				4	3		2	
1		2				3		4
	4		1	8				7
2		4	5		9			1
	1					6	9	
		7		2			4	

答案见 110 页

疯狂的立方体

★★★★☆

68. 下列哪个立方体展开后与下面的图片不相符？

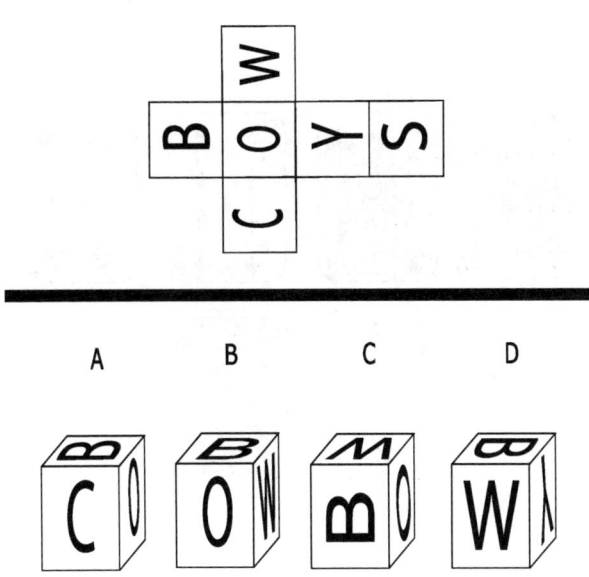

A　　B　　C　　D

答案见110页

纸牌游戏

★★★★☆

69. 翻转的是哪张牌？
注意：
J、Q、K 分别代表 11、12 和 13

答案见 110 页

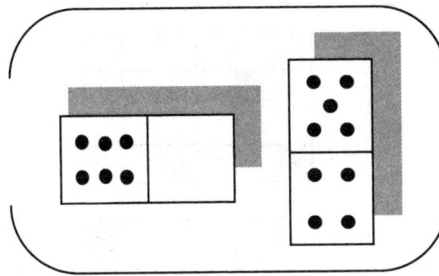

多米诺骨牌

70. 带问号的多米诺骨牌是哪一张?

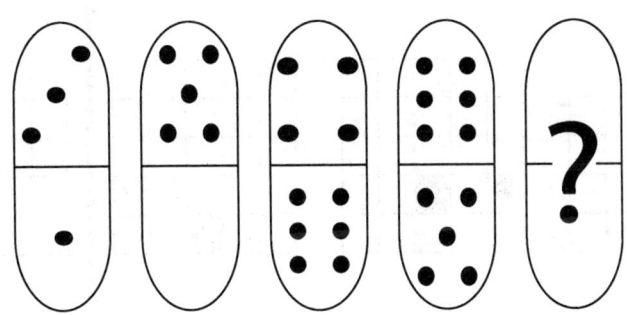

答案见 111 页

魔力方格

★★★☆☆

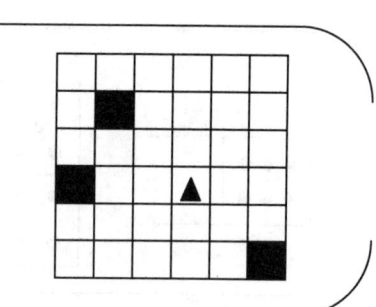

71. 参照左边的 3 个方格，把右边的方格补充完整。

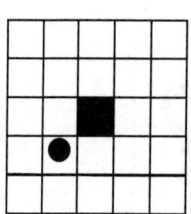 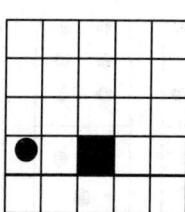 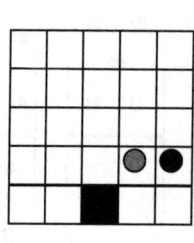

答案见 111 页

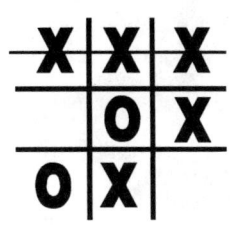

矩阵游戏

72. 右图中有 4 个选项,问号代表了哪个选项?

答案见 111 页

火柴游戏

★★★★☆

73. 如何移动3根火柴,使等式成立?

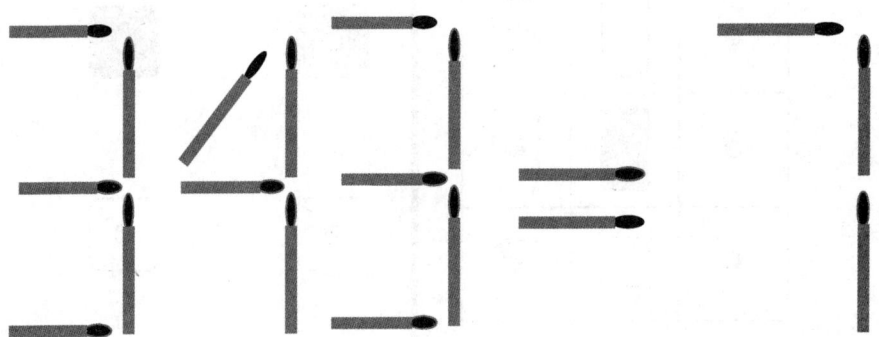

答案见112页

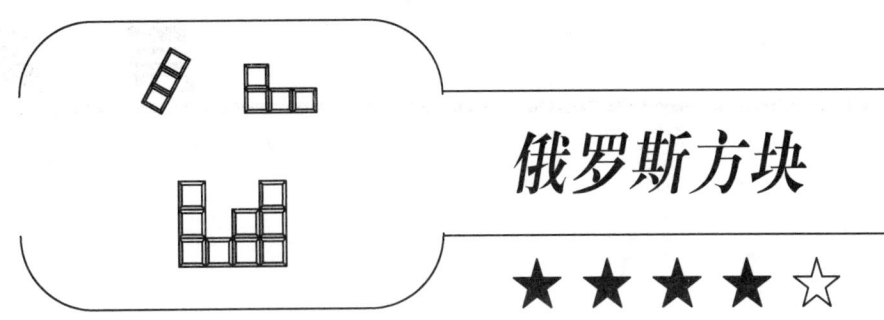

俄罗斯方块

★★★★☆

74. 在下列 4 个选项中,去掉哪个可以使棋盘复原?

a b

c

d

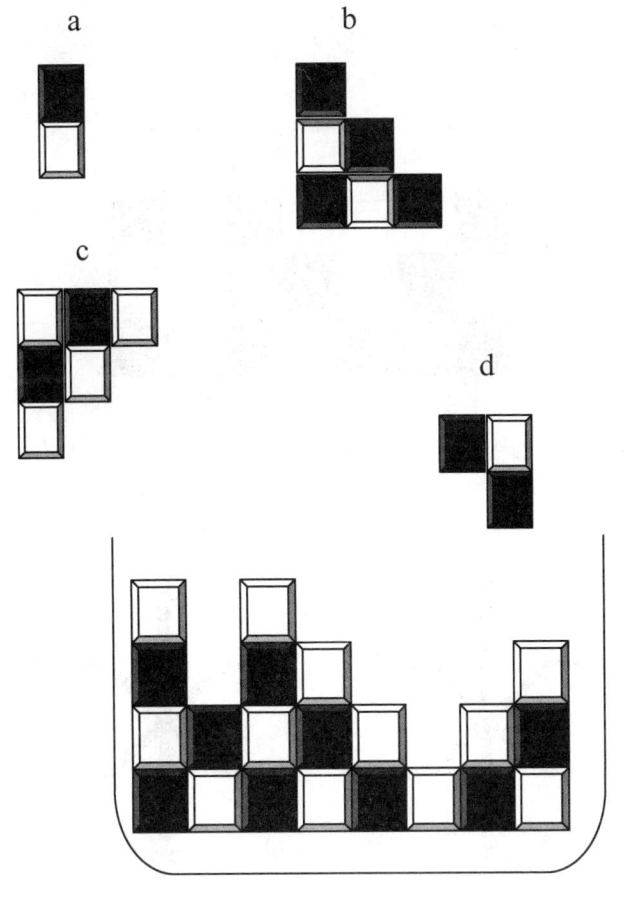

答案见 112 页

答 案

1. 正确的答案是 c。为了使火柴显示的数字排列成 2、3、4、5、6，必须各自移除一根火柴，只有 c 需要移除 2 根。

2. (1) C (2) B (3) A (4) C (5) A(2次) (6) A (7) C (8) A (9) A (10) B

3. 俄罗斯方块：正确答案是 d。

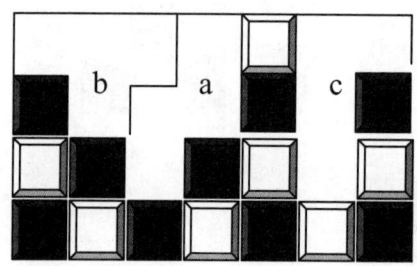

4. 正确答案是 38。因为 c－e＝5；d－b＝5；x－a＝5，所以 x＝a＋5＝38。见下图。

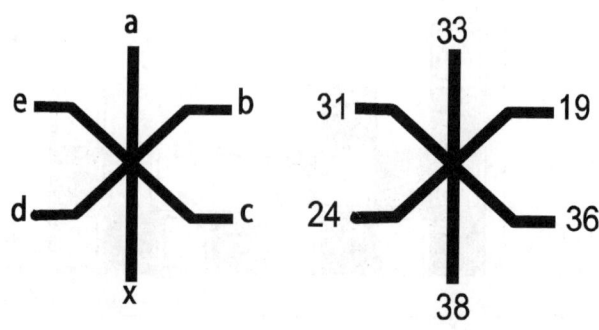

5. 九宫格数独如下:

7	8	3	4	5	6	1	2	9
5	2	1	7	8	9	3	4	6
6	4	9	3	2	1	5	8	7
2	9	6	1	4	5	8	7	3
3	7	4	9	6	8	2	5	1
8	1	5	2	7	3	9	6	4
9	6	2	5	1	7	4	3	8
4	3	8	6	9	2	7	1	5
1	5	7	8	3	4	6	9	2

6. 正确答案是 D。

7. 正确答案是梅花 9。因为 a'+b'=c。

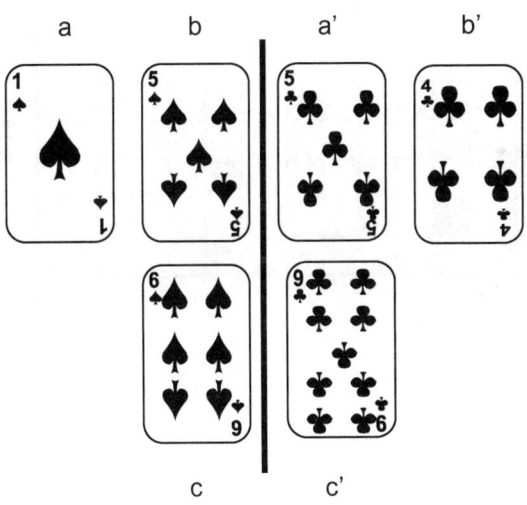

8. 灰色部分的数字按 abcdef 的顺序递增，每个数字＝前一个数字＋1，白色部分按照相同的字母顺序变化。因此答案的上面部分为 4，下面部分为 2。

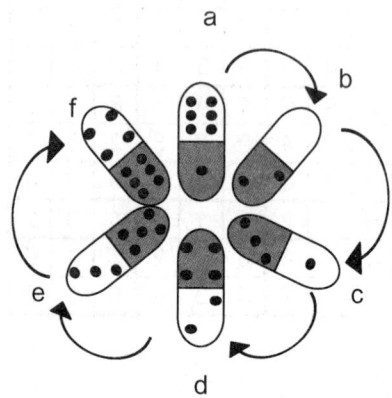

9. 黑色方格沿垂直方向前移动一格，小黑点就沿对角线向上移动一格。

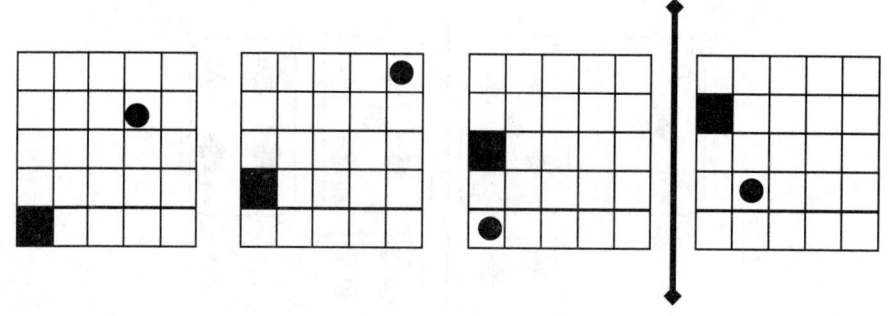

10. 正确答案是 d。a 列中的每个图形都是由 3 个部分组成的。c3 位置的图形是由 a3 的图形减去 b3 的图形而得到的。

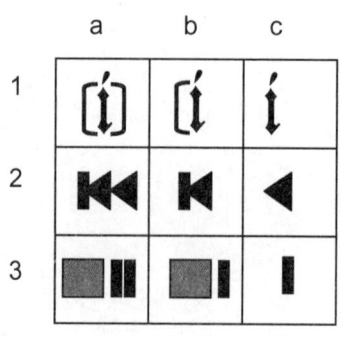

11. 正确的等式为 $5-2=3$. 虚线表示应该移走的火柴。

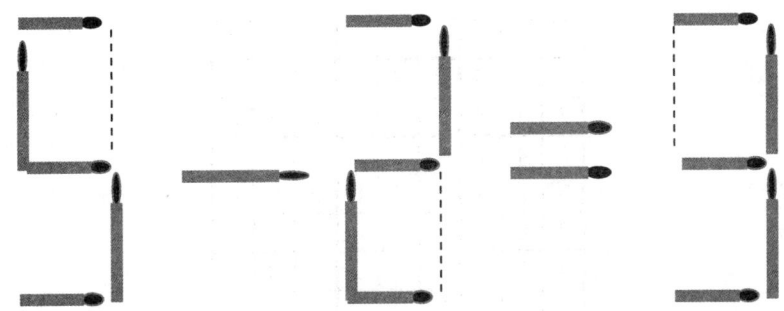

12. (1) B (2) B (3) C (4) C (5) A (6) B (7) D (8) C (9) C (10) A

13. 正确答案是 b。

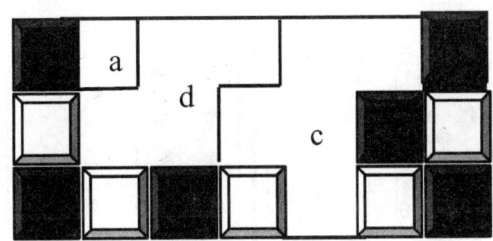

14. 正确答案是 28。因为 e－c＝4；b－d＝4；a－x＝4。所以 x＝a－4＝28。见下图。

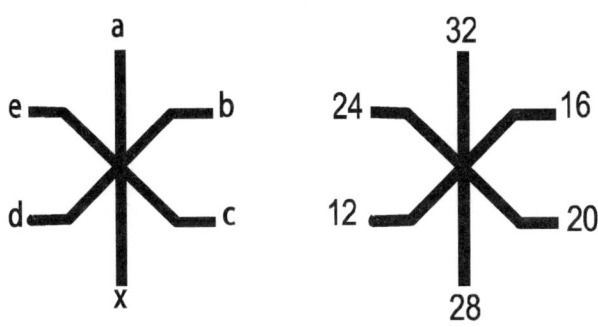

15. 九宫格数独如下：

2	8	3	1	9	7	6	5	4
9	5	6	2	8	4	3	1	7
7	1	4	3	5	6	9	8	2
5	4	7	6	1	9	8	2	3
3	2	1	4	7	8	5	9	6
8	6	9	5	2	3	4	7	1
4	7	5	9	6	2	1	3	8
1	3	8	7	4	5	2	6	9
6	9	2	8	3	1	7	4	5

16. 正确答案是 C。

17. 正确答案是红心 Q。因为 $a' + b' = c$。

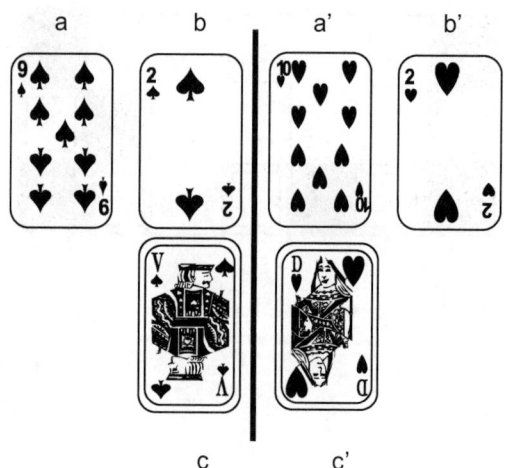

18. 灰色部分的数字按 abcdef 的顺序递增,每个数字＝前一个数字＋2,且白色部分按对称排列:a＝d,f＝c,e＝b,因此答案的上面部分为2,下面部分为空白。

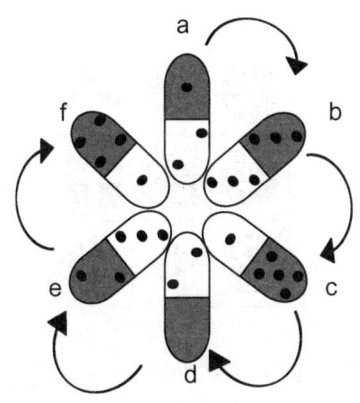

19. 黑色方格不动,第一张图中黑色三角形隐藏在黑色方格后面。然后向对角线向上移动一格。

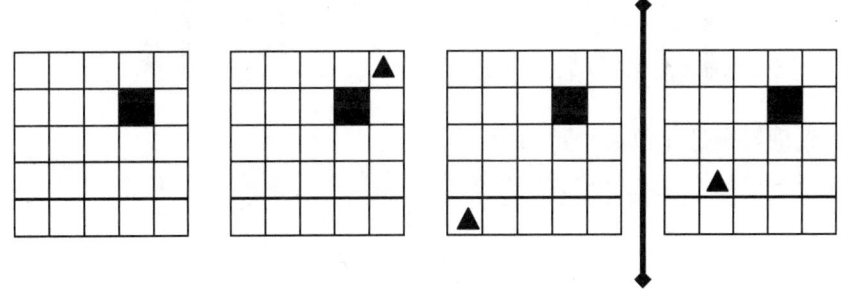

20. 正确答案是c。颜色并不是按照逻辑来分配的,基本上是为了消遣。此外,第一张图片中大图形(白色三角形)内包含一个较小的图形(灰色圆圈),其相对应的图片中二者位置颠倒了,即大图形(灰色圆圈)内包含一个较小的图形(灰色三角形)。至于箭头的位置,则是一个向内,相对应的那个则向里。

21. 正确答案是 c。将 b 列中的图形按照 a 列中的数字分成相对应的部分,即得到 c 列中的图形。

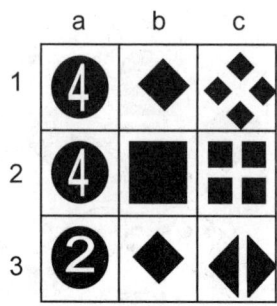

22. 只需要将火柴按照罗马数字排列即可使等式成立。

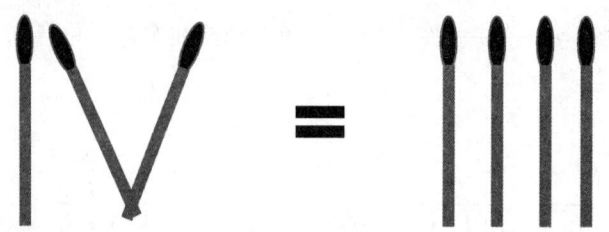

23. 正确答案是 a 和 e。

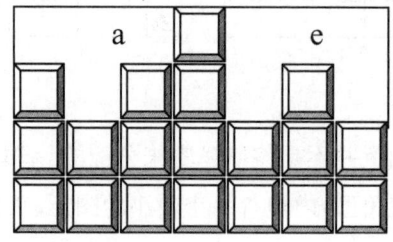

24. (1) B (2) B (3) D (4) A (5) C (6) B (7) A (8) C (9) C (10) C

25. 正确答案是 29。因为 e－b＝3；d－c＝3；a－x＝3，因此 x＝32－3＝29。

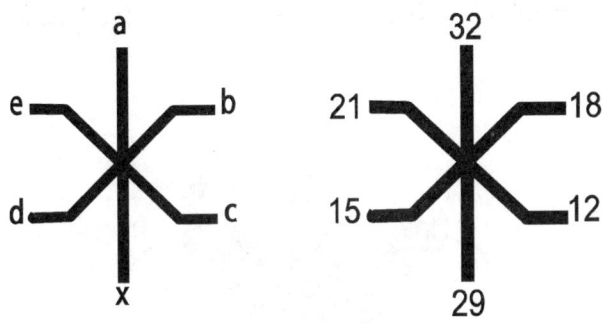

26. 九宫格数独如下：

4	6	9	1	5	3	2	7	8
5	2	1	4	8	7	3	9	6
8	7	3	2	9	6	5	1	4
9	8	2	7	4	1	6	5	3
3	4	6	5	2	9	7	8	1
7	1	5	6	3	8	9	4	2
1	9	8	3	6	5	4	2	7
6	5	4	8	7	2	1	3	9
2	3	7	9	1	4	8	6	5

27. 正确答案是 B。

28. 正确答案是红心 4。因为 a'－b'＝c。

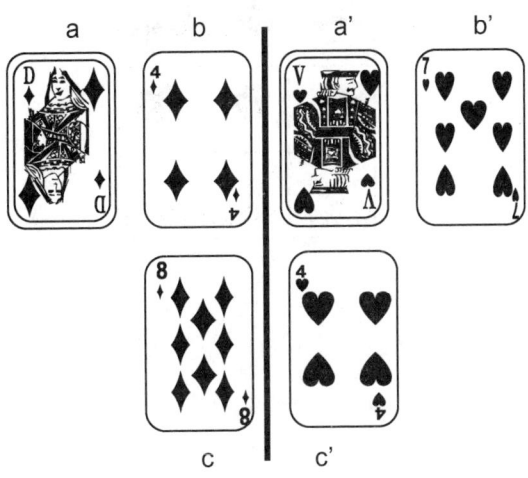

29. 灰色部分的数字按 abcdef 的顺序递增,每个数字=前一个数字+1,白色部分也按照 abcdef 的顺序递增,每个数字=前一个数字+2,因此上面部分为1,下面部分为4。

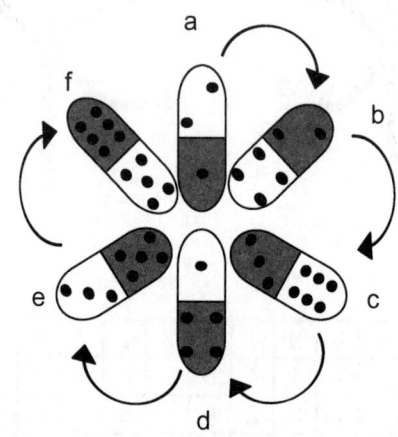

30. 这题书上没有答案,自己做的:黑色方格沿直线运动4格,因此位置应当在左数第二列第三行,黑色圆圈沿对角线向上移动,因此位置应当在左数第一列最下面一行。

31. 正确答案是 b。将 a 列中的图形和 b 列中的图形连接在一起就成为 c 列中的图形。

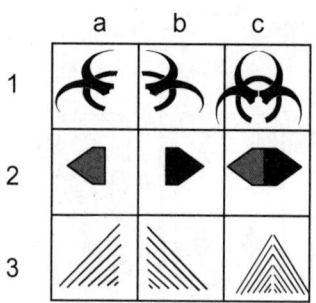

32. 正确答案是 2、3、5、8。这组数字符合自然数 n＋1, n＋2, n＋3 的逻辑关系。虚线表示火柴的移动。

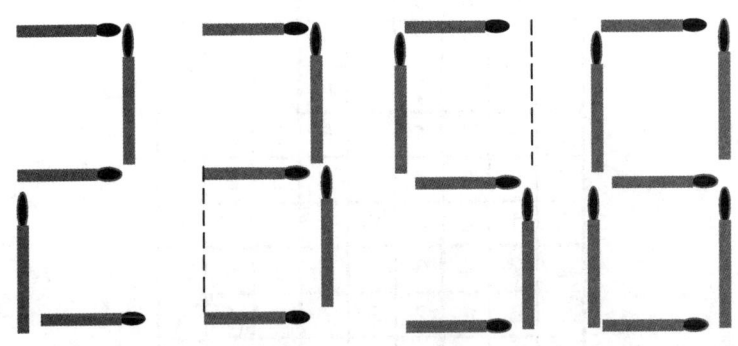

33. 正确答案是 c。

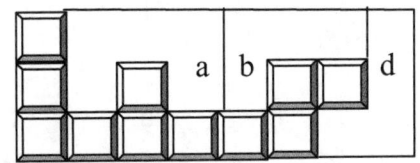

34. (1) C　(2) D　(3) D　(4) A　(5) D　(6) C　(7) C　(8) A　(9) B　(10) C

35. 正确答案是 56。因为 b－e＝9, c－d＝9, a－x＝9, 因此 x＝a－9＝56。

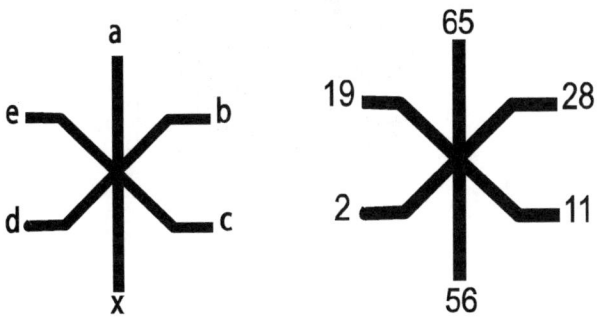

36. 九宫格数独如下：

7	5	9	6	4	3	2	1	8
8	2	3	7	9	1	4	5	6
6	4	1	5	2	8	3	7	9
3	9	7	1	6	5	8	2	4
4	8	6	3	7	2	5	9	1
5	1	2	4	8	9	6	3	7
2	7	4	9	5	6	1	8	3
1	6	8	2	3	7	9	4	5
9	3	5	8	1	4	7	6	2

37. 正确答案是 D。

38. 正确答案是红心 J。因为 a'－b'＝c。

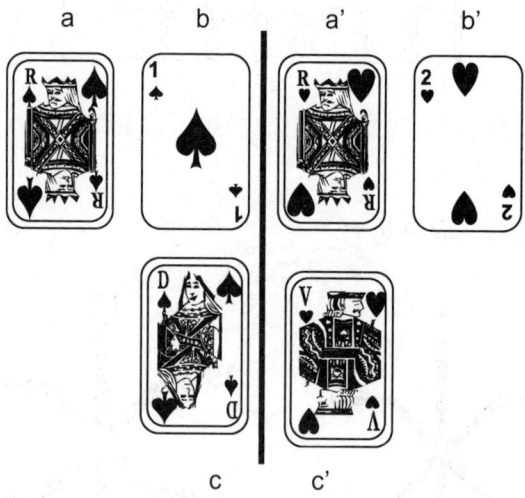

39. 因为 a+b=c,所以上面部分 = 2-1=1,下面部分 = 6-3=3。

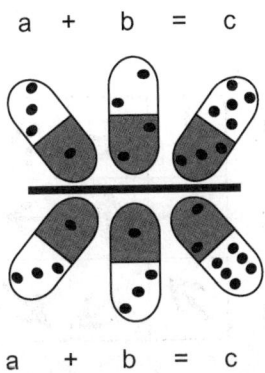

40. C4 的方格保持不动,第一张图中的两个黑色方格重叠,之后,其中一个黑色方格沿水平方向每次向左移动一格。

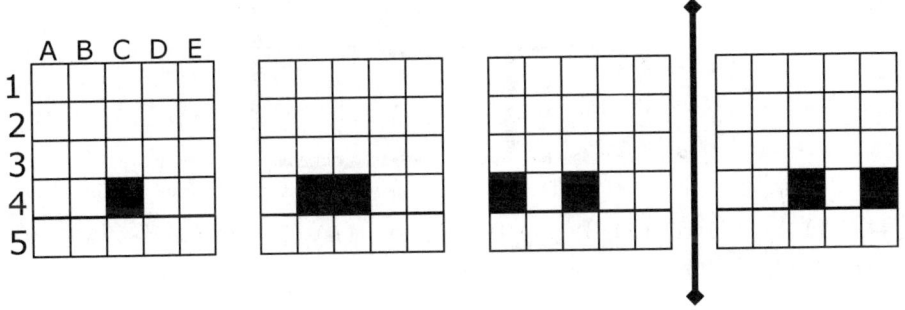

41. 正确答案是 2。第一个图形是将两个 2 以不同的方向拼合起来的,同样,第二个图形就可以拆成两个 1。因为 4 可以等于 2+2,也可以等于 2×2,所以本题的答案并不是唯一的,如果理解成 1×1,得出的答案就是 1。本题的重点在于考察是否能观察得到图形可以拆成 2 个数字。

42. 正确答案是 b。a 列图形顺时针方向旋转 90°即为 b 列图形,将 b 列图形顺时针旋转即为 c 列图形。

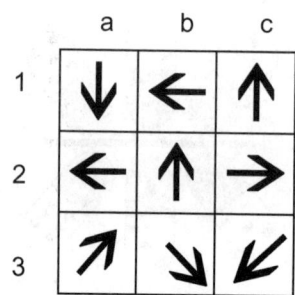

43. 拿掉 2 根火柴(见虚线部分),可以获得 3 个小正方形和一个大正方形。

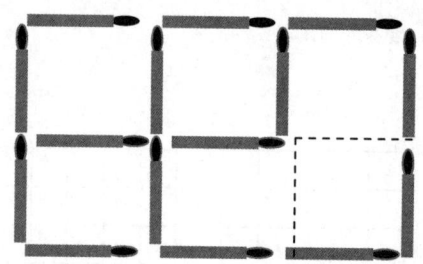

44. (1) A (2) B (3) B (4) B (5) A (6) C (7) C (8) A (9) B (10) C

45. 正确答案是 a。

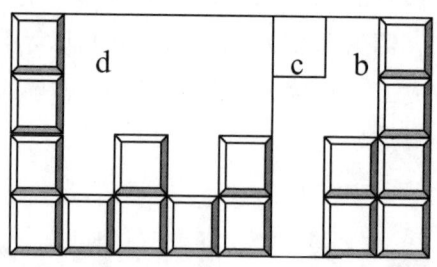

46. 正确答案是 92。因为 e－b＝4, d－c＝4, a－x＝4, 所以 x＝a－4＝92。

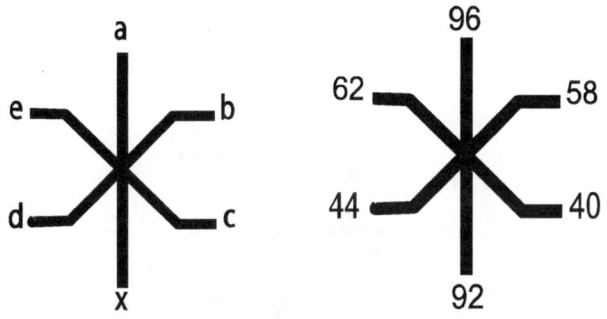

47. 九宫格数独如下：

3	5	1	2	7	6	9	8	4
4	7	2	1	8	9	3	5	6
6	9	8	5	4	3	2	7	1
9	8	5	3	1	4	7	6	2
2	6	7	9	5	8	1	4	3
1	3	4	6	2	7	5	9	8
7	1	6	4	3	5	8	2	9
8	2	9	7	6	1	4	3	5
5	4	3	8	9	2	6	1	7

48. 正确答案是 B。

49. 正确答案是红心 5。因为按照 abcdef 的顺序, 数字分别是 x＋1, x＋2, x＋3, x＋4 和 x＋5。

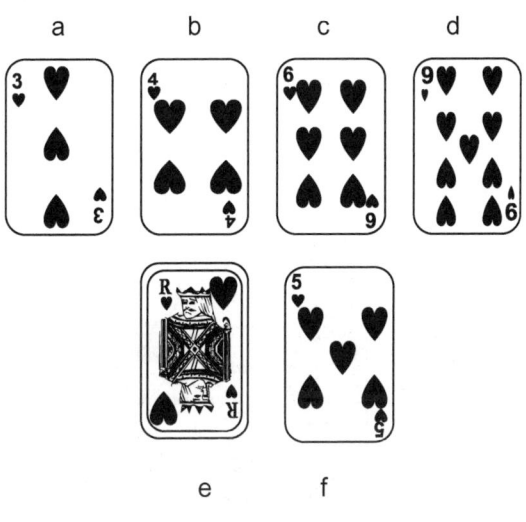

50. 按照 abc 的顺序，白色部分和灰色部分的数字都是 x+1，因此，上面部分数字为 1，下面部分数字为 2。

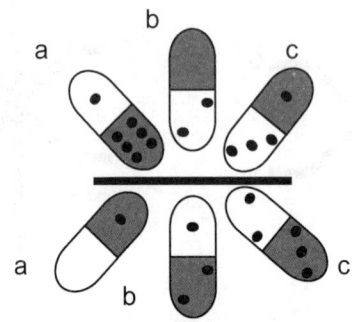

51. A2 的方格保持不动，B3 的方格沿水平方向每次向左移动一格。第一张图中 A2 的方格隐藏了一个黑色三角形，这个三角形在第二张图中被 A3 的方格隐藏了，它沿垂直方向每次向下移动一格。

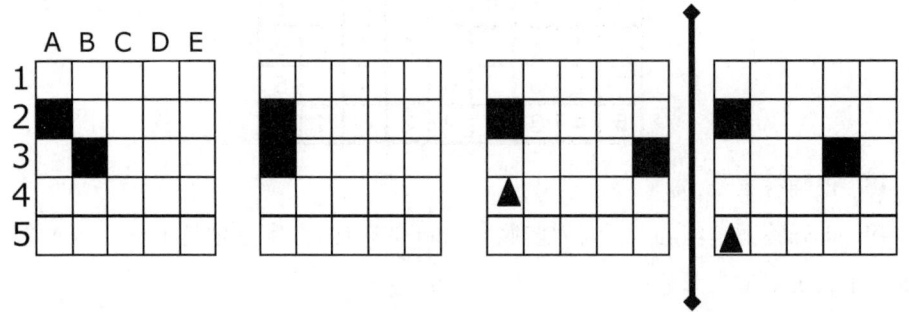

52. 正确答案是 a。将 b 列中的图形放入 a 列中，并将 a、b 列中的图形颜色交换，就成为 c 列中的图形。

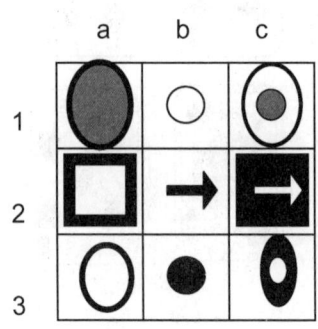

53. 正确答案是 2＋2＝4。移动方法见虚线。

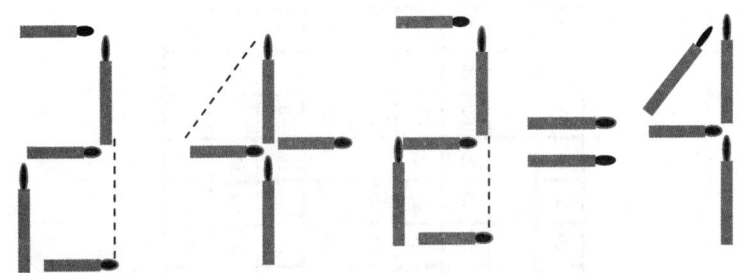

54. (1) C (2) C (3) A (4) B (5) A (6) B (7) C (8) B (9) B (10) C

55. 正确答案是 b。

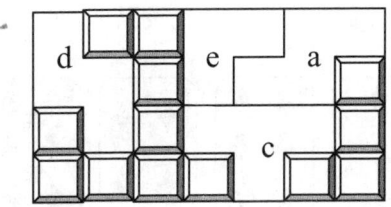

56. 正确答案是 70。因为 b－e＝12，c－d＝12，x－a＝12，所以 x＝a＋12＝70。

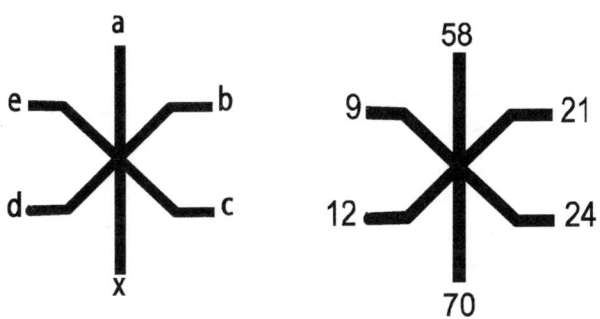

57. 九宫格数独如下：

6	3	5	9	7	1	2	4	8
7	1	8	4	3	2	5	9	6
4	9	2	6	5	8	7	3	1
1	4	9	5	2	7	8	6	3
8	2	6	1	9	3	4	7	5
5	7	3	8	6	4	1	2	9
2	5	7	3	8	9	6	1	4
3	8	1	2	4	6	9	5	7
9	6	4	7	1	5	3	8	2

58. 正确答案是 D。

59. 正确答案是方块 3。因为方块和梅花按照＋1 的数字交替上升。

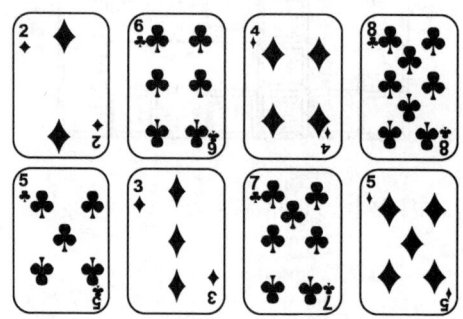

60. 灰色部分的数字按照以下规律变化：$5-3=2$，$3-2=1$，$2-1=1$。白色部分的数字按照以下规律变化：$1+1=2$，$1+2=3$，$2+3=5$。因此上面部分数字为 5，下面部分数字为 1。

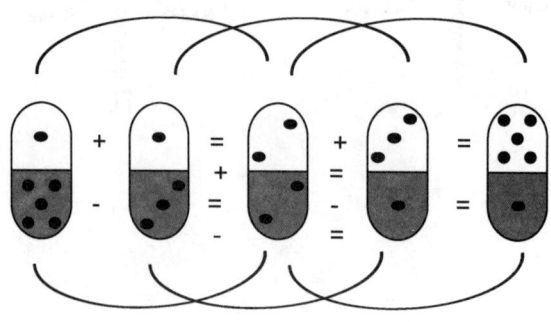

61. 黑色方格保持不动,它隐藏了一个灰色方格和一个黑色圆圈。之后,灰色方格沿垂直方向每次向上移动一格,黑色圆圈沿水平方向每次向左移动一格。

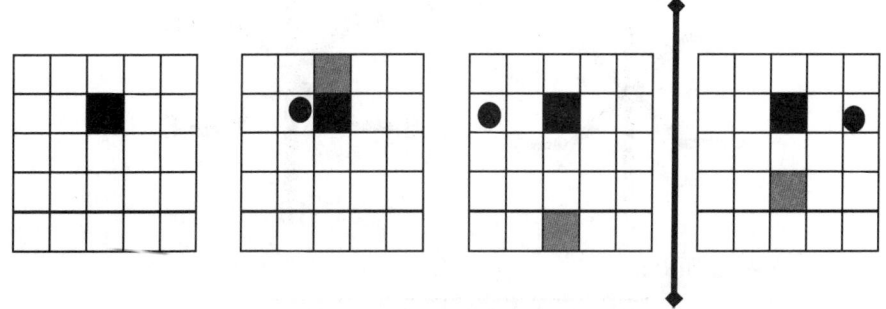

62. 正确答案是 b。将 b 列中的图形放入 a 列中即可获得 c 列的图形。

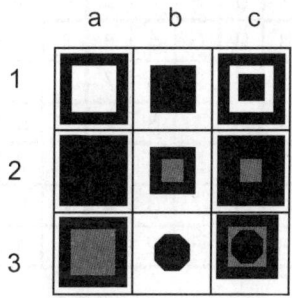

63. 按照罗马数字,X－I＝III III III。

64. (1) C (2) B (3) D (4) B (5) C (6) B (7) B (8) A

65. 正确答案是 c。

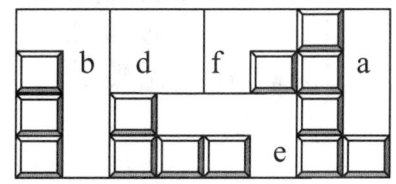

66. 正确答案是 −18。因为 e−b=2, d−c=2, a−x=2, 所以 x=a−2=−18。

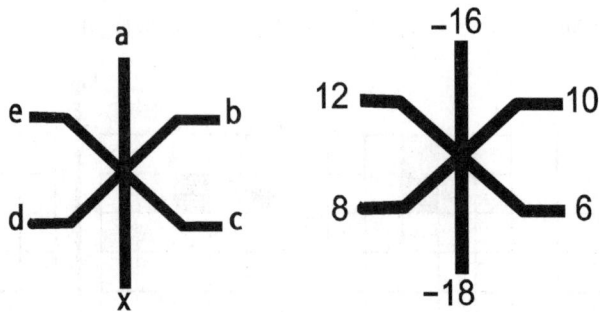

67. 九宫格数独如下：

3	7	1	4	9	8	2	5	6
4	5	8	2	1	6	7	3	9
9	2	6	3	7	5	4	1	8
7	8	9	6	4	3	1	2	5
1	6	2	9	5	7	3	8	4
5	4	3	1	8	2	9	6	7
2	3	4	5	6	9	8	7	1
8	1	5	7	3	4	6	9	2
6	9	7	8	2	1	5	4	3

68. 正确答案是 D。

69. 正确答案是梅花 10。按照 abcdef 的顺序，后一张牌＝前一张牌−1，−2，−3，−4，方块和梅花图案则交替出现。

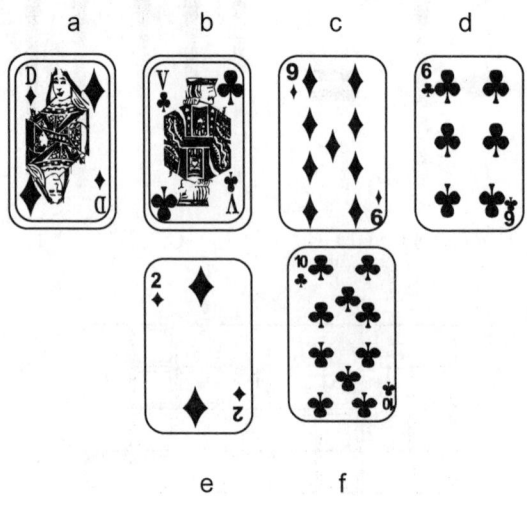

70. 按照从左往右的顺序,白色部分的数字分别+2,-1,+2,-1,灰色部分则是+1,+1,+1,+1。因此正确答案是上面部分数字为5,下面部分数字为4。

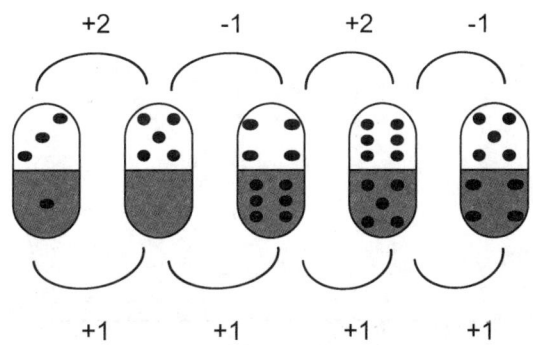

71. 黑色圆圈沿水平方向每次向左移动一格,第一张图中的黑色圆圈隐藏了一个灰色圆圈,这个灰色圆圈沿水平方向每次向右移动一格,在第二张图中被黑色方块隐藏了。黑色方块沿垂直方向每次向下移动一格。

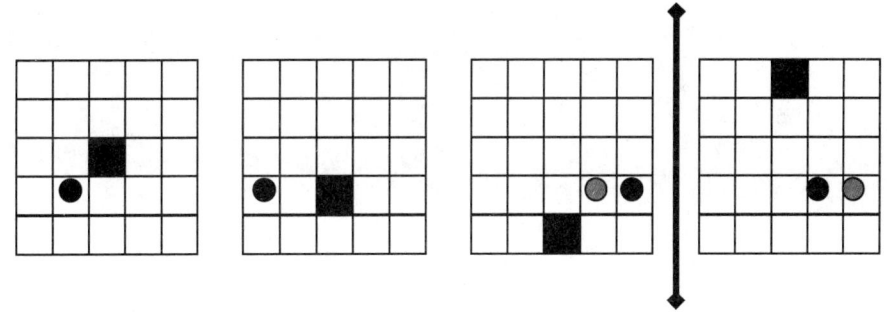

72. 正确答案是a。将a列中图形放入b列中,再将a、b两列图形的颜色互换,就是c列的图形。

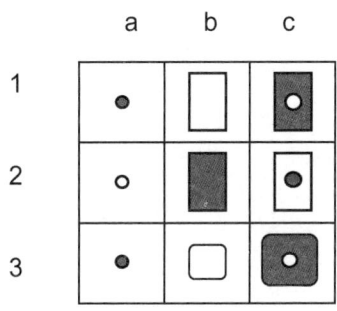

73. 正确答案是 $5+2=7$。移动方法见虚线部分。

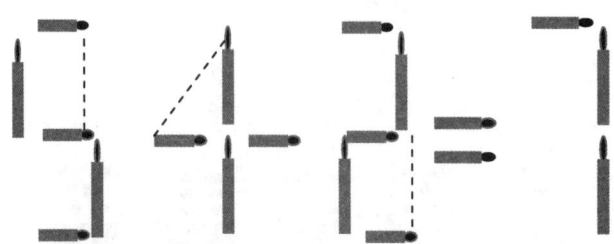

74. 正确答案是 c。

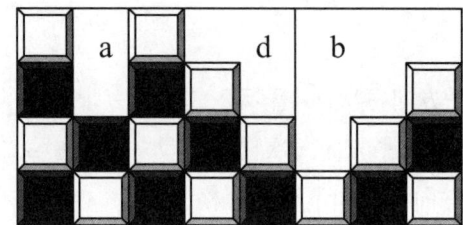